国际竞技体育话语权研究

廖莉 著

中南大学出版社
www.csupress.com.cn
·长沙·

图书在版编目(CIP)数据

国际竞技体育话语权研究 / 廖莉著. —长沙：中南大学出版社，2020.11

ISBN 978 - 7 - 5487 - 4256 - 2

Ⅰ.①国… Ⅱ.①廖… Ⅲ.①竞技体育—舆论—研究—世界 Ⅳ.①G811

中国版本图书馆 CIP 数据核字(2020)第 217178 号

国际竞技体育话语权研究

廖莉 著

□责任编辑	彭辉丽	
□责任印制	易红卫	
□出版发行	中南大学出版社	
	社址：长沙市麓山南路	邮编：410083
	发行科电话：0731 - 88876770	传真：0731 - 88710482
□印　　装	长沙鸿和印务有限公司	

□开　　本	880 mm×1230 mm 1/32　□印张 8　□字数 207 千字	
□版　　次	2020 年 11 月第 1 版　□2020 年 11 月第 1 次印刷	
□书　　号	ISBN 978 - 7 - 5487 - 4256 - 2	
□定　　价	45.00 元	

自　序

　　在和平与发展是主旋律的全球大环境中，在体育已成为国家综合实力展现的当今社会，国际竞技体育话语权作为主导国际体育发展方向的一种软实力，不仅能提高一国和地区在国际体育事务上的决策力，也有利于国家和地区正面形象的积极传播和塑造，因此追求并扩大国际竞技体育话语权已成为世界各国发展的重要目标。党的十九大做出了中国进入新时代的论断，发出了新时代中国加快推进体育强国建设的进军令。2019 年国务院办公厅印发的《体育强国建设纲要》明确指出，要加强与国际体育组织的交流合作，扩大我国在国际体育事务中的影响力和话语权，并将其作为我国体育强国建设中的一项战略任务。

　　虽然国际竞技体育话语权如此重要，我国每 5 年的体育事业规划中都涵盖此项内容，在近几年国家社科指南中就出现了 3 次，并有 1 项重点、2 项青年项目获得国家社科立项，但尚未发现相关系统性的研究，对国际竞技体育话语权概念内涵的深刻剖析、对国际竞技体育话语权客观的测量和评价、对国际竞技体育话语权国家和地区之间情况的比较以及对国际竞技体育话语权的权力演变和权力范围的归纳的相关研究也比较缺乏。

　　本书主体来源于笔者的博士论文，在博士论文选题之初，正值 2012 年伦敦奥运会结束，中国选手在此次奥运会上受到许多不公正待遇，如"单车女队的金牌莫名其妙地得而复失""吊环王陈一冰遭裁判压分而屈居亚军""丁宁的不解、郭爽的眼泪、王鑫的伤退"等，众媒体认为这和中国体育缺少国际话语权有关。《人民日报》撰文《申诉全败要弄清玩法，话语权很重要》，搜狐体育撰文《伦敦屡遭偏见质疑，中国话语权在奥运缺失》，《北京晚报》撰文《中国体育需要国际话语权》等。在这一年度，国家社会科学基金项目课题指南也发布了选题方向：中国体育国际话语权研究。理论和现实的迫切需求，燃起了笔者对这一研究的热情。

　　本书撰写难度较大，就如本书的一位盲审专家所说，这是一个难度较大、可直接观察的资料较少、涉及的影响因素较多、比较复杂的选题。确实，在研究过程中，研究资料的搜集和当事人的访谈都难以完成，造成了研究方法的受限。笔者几度想放弃本选题的研究，但感谢笔者的导师李艳翎教授，李教授一直鼓励、督促并悉心指导，让笔者最终坚持完成了此课题的研究。李老师担任国际体操联合会技巧技术委员会副主席，同时又是技巧项目、蹦床项目、皮划艇项目的国际级裁判员，他把亲身经历和观点看法都一一都告诉了笔者，让笔者近距离接触这项研究的相关当事人，为本研究摆脱雾里看花的窘境提供了极大的帮助。笔者阅读并研究了若干国际体育组织官员撰写的自传、回忆录及相关书籍，如国际奥林匹克委员会原主席萨马兰奇作序的《国际体育管理学》、国际奥林匹克委员会原副主席庞德著的《奥林匹克内幕》等。另外，本书所有数据资料直接来源于国际奥委会官网和35个夏季奥运运动项目官网，这些资料有些直接在官网的显要栏目里，而有些却需要浏览文件并从中翻译整理，工作量之大自不必言，但这些宝贵资料也正是本书言之有理、言之有据的重要保证。

需要提醒读者朋友们注意的是，本书的数据均采自2014年2月的国际奥委会和夏季35个国际体育组织机构的官方网站，因此书中对国际竞技体育话语权形势的推论均单指这一时间截面下。本书附录中提供了这些数据，相信这些数据还有着比较大的史学价值。一方面，可以为这一时期国际竞技体育话语权进一步深入研究或历史比较研究提供支撑；另一方面，还能为这一时期国际竞技体育的相关研究提供参考。

本书编写得到了金育强教授、汤长发教授、刘亚云教授、马卫平教授、孙洪涛教授、彭庆文教授、李爱年教授、罗湘林教授、谭成清副教授、杨其虎副教授的大力指导，还得到了杨震博士、周波博士、郭恒涛博士、李先雄博士、张宇博士、曹远红博士、季谋芳博士、韩磊磊博士、刘哲石博士、刘韬博士的鼎力帮助，笔者在此表示衷心的感谢！另外，在此对本书编写中参考引用文献资料的作者也一并表示感谢！

目 录

第 1 章　导论

1.1　选题依据

话语权是目前我国媒体体育报道和国家体育政策中出现频率颇高的一个词。

在体育媒体报道中，花样滑冰队总教练姚滨在 2011 年 1 月全国冬季奥运会上接受采访时指出，在国际滑冰联合会的技术委员会那里，我们基本没有话语权，很多得分规则都由他们决定，我们只能顺应规则，这对我们十分不利。对于邵斌改分事件，中国方面事前沟通和申辩的机会都没有得到，就此，《解放日报》发表专题评论《评邵斌改分门，中国体育需要话语权》。另外，以 2012 年伦敦奥运会为例，中国运动健儿虽然收获了 38 枚金牌，创造了非本土参赛的最好成绩，但从我国媒体报道可以看出，如果不是中国选手受到许多不公正待遇，如"单车女队的金牌莫名其妙地得而复失""吊环王陈一冰遭裁判压分而屈居亚军""丁宁的不解、郭爽的眼泪、王鑫的伤退"等，中国队这次奥运会成绩本可以更好。众媒体认为，这和中国体育缺少国际话语权有关。如《人民日报》撰文《申诉全败要弄清玩法，话语权很重要》、搜狐体育撰文《伦敦屡遭偏见质疑，中国话语权在奥运缺失》、《北京晚报》撰文《中国体育需要国际话语权》等。

在此情况下，党和政府也相继出台了若干指导性计划文件，多次明确要求增强我国的国际竞技体育话语权，如《体育事业发展"十二五"规划》《2011—2020 年奥运争光计划纲要》《全国体育人才发展规划（2010—2020 年)》都提出，要增加我国在国际体育组织的人数，增加我国的国际影响力和话语权。

从以上媒体报道和国家政策中可以看出，在以奥林匹克运动为主要特征而形成的竞技体育全球化体系中，缺乏话语权的国家可能难以获得公平的对待和合理的利益。目前，中国正由体育大国向体育强国迈进，而体育强国的衡量标准即包括在国际体育组织中的话语权。① 因此，本书的研究对维护我国国家利益、提高我国竞技体育的国际竞争力、加快我国体育事业发展速度和推动我国体育全面走向世界都具有极其重要的作用，对我国竞技体育可持续发展研究、体育发展改革研究等亦有重要的学术价值。

1.2 研究现状

通过查阅文献，笔者发现目前我国涉及国际竞技体育话语权的研究还比较少，一些研究只是间接涉及这个概念，并没有针对性地深入研究。本书研究对象处在体育全球化和国际体育事务管理这个大背景中，与这两者有着千丝万缕的联系，因此本书将以体育全球化、全球治理和体育全球治理、话语权和国际竞技体育话语权这几个与本研究密切相关的关键词，对研究现状做一梳

---

① 张晓义.新时期中国体育国际发展战略研究的探讨[J].成都体育学院学报，2009(11).

理，并以此为基础，为本研究的展开寻求可供借鉴的参考。需要说明的是，治理和管理都是英文 govern 一词翻译过来的，*Governing Globalization* 一书就是翻译成《治理全球化》，但在体育研究中一般采用管理一词。如体育专业第一本有关"国际体育"的重要教科书《国际体育管理》其原书名就为 *Sport Governance in the Global Community*。

1.2.1　体育全球化

曲毅、孙世明从科学技术、政治、传播媒介三个方面论述了体育全球化的原因，并且认为科学技术为体育全球化提供了巨大的能量，传播媒介的发展加速了体育全球化的进程，竞技比赛就是民族国家之间的竞争，运动员的表现与国家形象、科技水平、政治体制的优越性和经济实力相联系，具有典型的国家主义特点，促进了竞技体育在全球传播。[①] 舒盛芳赞同此观点，认为在此基础上，经济、文化、国际体育组织自身的生存发展、国家对现代化的追求也是体育全球化的动力；体育文化的流动是体育全球化的势能，人往高处走的本性决定了低文化阶层的人不自觉地向高文化阶层的人学习，其实质就是文化从高势能向低势能的流动，国际体育组织的生存与发展是体育全球化的内在动力；奥林匹克创始的宗旨就是冲破民族和国家的界限，办成全球性、国际性的世界运动会，各类国际体育组织不断改革实践着这个目标；融入国际体育被国家看作现代化的标志，心理需求促使国家走向现代化。[②]

体育全球化不是仅仅涉及体育自身的简单的进程，也不是一蹴而就的，而是各种国际行为体、国际制度在世界文化交流和交

[①]　曲毅，孙世明.体育运动的全球化[J].体育学刊.2002, 9(6)：1 - 4.

[②]　舒盛芳.体育全球化的动力[J].上海体育学院学报，2007(1).

往实践中互动的结果,是一个漫长、复杂的进程。黄亚玲、马国英认为,体育全球化进程可分为两个阶段:第一阶段是西方殖民者大肆进行经济掠夺,以"坚船利炮"向世界扩张,为缓和与化解被殖民国家之间关系而进行体育项目输出;第二阶段则是西方使用现代化的通信工具,通过世界性赛事转播,潜移默化把西方价值观念向世界输出。[1] 潘兵从体育全球性传播的三条途径讨论了体育全球化的进程,他认为,体育的区域性传播(民间交往、文化交流、区域竞技)、战争中异国文化的渗透、各国侨民的体育传播是体育全球化发展的三个阶段。[2] 而舒盛芳则认为体育全球化不应只从体育国际化趋势形成算起,而应该从形成之前的"国际化涌动"算起:第一阶段(起步阶段)从文艺复兴运动开始至1893年,这一时期近代体育在欧洲得到发展,德国和瑞士体操、英国户外运动在整个欧洲产生巨大影响,很多国际组织相继成立,如国际足球理事会(1886年)、国际橄榄球协会(1890年)、国际赛艇联合会和滑冰联盟(1892年);第二阶段(快速发展阶段)从1894年至1988年,即国际奥委会成立,开创现代奥林匹克运动,这一时期奥运会成为体育全球化的典型代表,为世界各国提供了一个公认的交流平台;第三阶段(全面深化阶段)从1989年至今,参与国际奥运会被当成防止被国际社会边缘化的一条途径,国际奥委会思想冲破"业余原则"和"与政治脱钩"的束缚,体育领域合作越来越多,体育全球化全面深化。[3] Joseph Maguire认为体育全球化可以分为五个阶段:第一、二阶段发生在英国,根据英国国内政治经济团体的力量而发展变化;第三阶段为体育的欧洲化

---

[1] 黄亚玲,马国英.体育全球化的文化反思[J].山东体育学院学报.2001,17(2).

[2] 潘兵.全球化体育传播的途径[J].体育成人教育学刊.2004,20(6).

[3] 舒盛芳.体育全球化[M].杭州:杭州出版社,2012:31−45.

阶段，如英国户外运动和瑞典、丹麦体操的世界范围传播；第四阶段为美国化阶段，这一时期美国取代欧洲成为世界体育文化的主导，西方和苏联继续对抗，第三世界国家的兴起引起本国文化复苏，全球多元体育文化形成；第五阶段还是以欧美体育文化为主流，但出现了一些新兴极限运动项目，各民族也开始关注本民族文化。①

对体育全球化的实质，学者们大多从文化批判的角度讨论。王岗认为体育全球化的实质是西方体育全球化，是西方体育文化、西方体育理念、西方体育运作模式的输出，是西方经济发达国家把自己文化价值观念普世化的行为，是一种在经济占统治地位的同时试图把本民族国家的文化价值观念推广到其他国家，实现经济、政治和文化的统一。从全球化程度最高的现代奥林匹克运动可以看出，不论是庆典仪式还是体育项目，大多来源于西方，仅少数融入奥运会的亚洲体育项目，抛弃长期沉淀的传统文化，以适应奥运会规则的要求。② 邓星华从体育文化全球化的角度论证并指出，体育全球化中西方化倾向必然导致西方体育霸主地位的进一步强化，打破西方体育与民族体育的平衡，阻滞民族体育的发展，加速民族体育的自然消亡，即同化。③ 张学飞从文化全球化的角度指出，世界体育文化形成的过程是一个充满矛盾和冲突的过程，世界体育文化是一体化与分裂化的统一，世界体育文化的全球化不等于世界体育文化的西方化，西方化倾向只是全球化过程中的一个阶段，世界体育文化应是人类文明的发展过

---

① 刘占鲁.体育全球化：冲突与融合——评约瑟夫·马格瑞的著作《体育全球化》[J].体育学刊，2012，19（4）.

② 王岗.体育的文化真实[M].北京：北京体育大学出版社，2007：193－195.

③ 邓星华，黄彦军.体育全球化的西方化倾向[J].广州体育学院学报.2003，23（4）.

程，是多种体育文化、文明共存和竞争的过程。① 邓星华提出应反对体育全球化的西方化，并且指明这不是拒斥西方体育，更不是反对体育全球化，而是因为体育全球化应是文化的多元化，体育全球化的发展应是多种文化的相互整合。② Gupta 和 Amit 认为国际体育历来由西方国家垄断，包括国际体育机构的决策、国际体育规则、国际体育电视传播时间和形式等，然而非西方国家对国际体育经济日益增强的自我权利诉求将导致国际体育结构权力的重塑和体育赛事的重新分配。③

对于体育全球化背景下的国际关系，Joseph Maguire 认为，国际交往可以被看成一个相互依赖的整体内部不同领域中各集团不断的竞争，这些集团具有行为意识的自主性，这种竞争的结果导致全球化发展方向的多维，这里包含了权力斗争和权力平衡。④ 张学飞认为在国际关系领域中，国际奥委会作为新崛起的国际体系行为体，相对一些政府组织而言，在国际关系的各领域的积极性显得更高些，国际奥委会面对的早已不是单纯的体育问题。他预测未来国家仍然是世界的主要权力实体，奥林匹克会成为国家间追逐实力和协商合作的平台，在不从根本上损害国家利益的前提下，或让渡一小部分利益的情况下，国家间都会以合作的姿态处理国际体育关系，相互合作将是时代的主旋律。⑤ 姜熙认为，体

---

① 张学飞. 全球化进程中的东方体育文化[J]. 铜仁师范高等专科学校学报. 2003，5(3).

② 邓星华，黄彦军. 体育全球化的西方化倾向[J]. 广州体育学院学报. 2003，23(4).

③ GUPTA, AMIT. The Globalization of Sports, the Rise of Non – Western Nations, and the Impact on International Sporting Events[J]. The International Journal of the History of Sport, 2009.

④ 刘占鲁. 体育全球化：冲突与融合——评约瑟夫·马格瑞的著作《体育全球化》[J]. 体育学刊，2012，19(4).

⑤ 张学飞. 论国际体育组织与国家间关系[D]. 北京：北京体育大学，2004.

育全球化是不争的事实，但与体育相关的利益冲突和纠纷开始涌现。体育全球化需要法律治理和建立全球性的法治体系，各国要参与其中，就必须签订契约，遵守国际体育组织的章程和管理规则。①

体育全球化还出现了一些其他的现象。Thibault 和 Lucie 撰文《体育全球化：难以忽视的真相》指出体育全球化影响了运动领域的管理，主要包括四个问题：一是发展中国家的劳动力大量分散在跨国公司中，以生产体育器械和体育服装；二是运动员参加比赛再也不用受出生地的限制，运动员全球流动数量与日俱增；三是传媒在体育中的作用增强；四是在环境中体育的作用增强。② Y. Aytül Dağlı、Ekmekçi 等认为体育全球化加速了体育产业的发展，运动员天价转会费、数十亿美元的广告和赞助，观众、住宿、直播、广告、促销、食品、礼品、娱乐、饮料、服装等都是盈利的手段，世界杯对跨国公司的重要性不言而喻。③

以上研究对体育全球化形成原因、发展进程、实质、国际关系以及产生的一些问题进行了梳理，我们从中可以看出体育全球化不论是对于发达国家还是发展中国家都有利有弊，但不论是利大于弊还是弊大于利，都是不可避免的趋势。

1.2.2　全球治理

随着全球化进程不断加深和拓宽，20 世纪 90 年代以来，全球治理问题日渐被研究者们所关注。世界政治领域的许多学者开

---

① 姜熙.体育法治全球化的典型例证与法理分析[J].体育学刊，2012，19（03）：30－36.

② THIBAULT, LUCIE. Globalization of Sport：An Inconvenient Truth[J]. Journal of Sport Management. 2009.

③ Y. Aytül Dağlı Ekmekçi, Rldvan Ekmekçi, Ayşe irmiş. GLOBALIZATION AND THE SPORTS INDUSTRY [J]. Pamukkale Journal of Sport Sciences. 2009.

始使用"全球治理"概念，全球变革及其根源的内涵成为国家关系理论探讨中的重大问题，全球治理理论已经成为理解我们时代的重要视角①。

（1）全球治理概念。

全球治理委员会对全球治理的定义是：治理是组织、团体或个人以公认的权力，调和冲突和利益等事件的一个持续性过程。②全球治理委员会在联合国成立50周年时发表了《我们的全球之家》行动纲领，从全球角度阐述了治理，即"凡与非政府组织、各种公民运动、跨国公司和世界资本市场有关的治理为全球治理"。③詹姆斯·罗西瑙是在国际关系学术框架内对全球治理概念进行研究的主要学者，也是全球治理理论的主要创始人之一。他主要是从治理与统治的区别角度来谈治理。他的多篇文章的显要位置都提到治理不同于政府的统治，尽管两者在目的性、规则性等方面有些相像，但并不相同，治理未有正式授权，只是被有权势的人或者多数人接受就能在活动领域发挥作用的规则体系，这个过程不一定经过合法的授权，只是在共同的利益目标下，所以不一定需要强制力量来实现。而政府的统治往往是正式权力，执行中需要强制力量来实现，因而，治理具有比政府统治更丰富和更广泛的内涵。另一位研究治理的代表人物罗得斯则认为治理意味着一种新的统治。④托尼·麦克鲁格在《走向真正的全球治理》中认为全球治理是以实现共同目标和解决共同问题为主要目的，在全球多层面正式或非正式地共同制定和统一实施计划、规

---

① 孙宽平. 全球化与全球治理[M]. 长沙：湖南人民出版社，2003：30.

② 英瓦尔·卡尔松，什里达特·兰法尔. 天涯成比邻——全球治理委员会的报告[M]. 赵仲强，李正凌，译. 北京：中国对外翻译出版公司，1995：2.

③ The Commission on Global Governance. Our Global Neighborhood[M]. Oxford：Oxford University Press，1995：2-3.

④ 孙宽平. 全球化与全球治理[M]. 长沙：湖南人民出版社，2003：179.

则的合作团体。① 弗雷德·哈利迪认为全球治理指管理国家间关系的各类机构，涉及从安全到人权和环境的广泛的问题，国家、政府间组织尤其是联合国、各类非政府组织和跨国运动共同构成了全球治理体系。② 在西方思想的影响下，国内一些学者开始超越"国家中心论"的理念去探讨全球治理问题，以解决全球性的共同问题，维持正常的国际政治经济秩序。③

K.J·霍尔斯蒂在对欧洲外交关系进行考察之后认为治理可能是：①权威；②一些具体的治理任务；③度和决策的规则；④权威性的决定、行动和强制能力（限制行动范围）。④ 另一位治理理论权威格里·斯托克对现有治理研究整理后认为，治理主体可以是政府，也可以是非政府的社会人士，治理过程中各参与主体的责任范围不明朗，治理过程必定导致出现权力关系。⑤

（2）全球治理理论内容。

主要包括治理主体、治理对象、治理方式、参与途径、和治理价值。

1）全球治理的主体是多层次、多元的，在全球治理中起着关键作用。主体层次包括全球层面、国家层面和次国家层面的各种组织、机构或个人等，但目前人们对于哪种行为体起主要作用看法不一。全球治理委员会的报告指出，治理一直被认为主要是政府间关系，但如今非政府组织、公民运动、跨国公司，这些主体与全球大众传媒的影响力正急剧扩大。以吉尔平为代表的现实主义流派认为，非国家行为体的出现和发挥作用，并不意味着国家

---

① 孙宽平. 全球化与全球治理［M］. 长沙：湖南人民出版社，2003：39.

② 王铁军. 全球治理机构与跨国公民社会［M］. 上海：上海人民出版社，2011：14.

③ 俞可平. 全球治理引论［J］. 马克思主义与现实. 2001（1）.

④ 郑安光. 从国际政治到世界社会［M］. 南京：南京大学出版社，2009：50－51.

⑤ Gerry Stoker. Governance as Theory：Five Propositions［J］. International Social Science. 1998（3）：18－28.

的根本衰落或者完全被取代。① 自由主义流派代表罗伯特·基欧汉和约瑟夫·奈与现实主义观点一致，认为民族国家作为国内治理和全球治理的主要工具并不会被其他行为体所代替，民族国家在全球政治中是最重要的行为体，但不是唯一的行为体，其他行为体在全球治理中是民族国家作用的一种重要补充。② 苏珊·斯特兰奇认为全球化进程中，国家和民族日渐成为公共或私人全球权威的控制对象，国家(政府)无法控制界内发生的事件，或者没有能力满足本国公民的要求，其权威的衰落表现在权威日益分散到其他社团组织、制度和地区性机构手中。③ 斯蒂芬·吉尔、罗伯特·考克斯等学者特别指出在全球有影响力的精英人士具有特殊作用，这些精英人士包括全球的政治精英、商业精英和知识精英。他们控制着社会的方方面面，主导着全球信息和全球变革进程，也有可能制造全球政治。④

2)全球治理的对象通常是一些超出单个国家的事物或问题，而解决这些需要多个国家或跨国组织的共同参与。庞中英认为，全球治理的全球性问题和事物中，政治军事领域包括人权、民族主义、宗教纷争、国际冲突、债务危机等；环境领域包括资源利用与开发、生态保护、污染防治和动植物保护等；其他社会领域包括贫困问题、反恐问题、环境问题、人口问题、疾病问题等；另外，还包括社会生活的标准制定领域，如食品安全标准、汽车生产标准、航空安全标准以及邮政、通信等方面的标准，可以说这

---

① 邵鹏.全球治理：理论与实践[M].长春：吉林出版集团有限责任公司，2010：84.

② 王杰，等.全球治理中的国际非政府组织[M].北京：北京大学出版社，2004：90.

③ Suan Strange. The Retreat of the State: The Diffusion of Power in the World Economy[M]. London : Cambridge University Press, 1996.

④ 托尼·麦克格鲁.走向真正的全球治理[J].马克思主义与现实，2002(1).

些全球性问题和事件涉及人类生活的各个方面。①

3）对于全球治理的方式，李芳田在《全球治理论析》一文中做了总结：①国家中心治理模式。它是以主权国家为主的治理，即以国家间的共同利益为基础，通过协商的方式签订国际协议或制定国际规则。②有限领域治理模式，即以政府间国际组织为主的治理，针对特定领域，如经济、环境等。③网络治理模式，即以非政府组织为主体，促使自下而上与传统的自上而下的治理相结合。④国内—国外边疆治理模式，即以权威领域为基础的治理，又称"无政府的治理"。权威领域通过相应领域民众的支持和服从行使权力，这种服从不是国家机器的强制力，而是民众的支持和服从。⑤欧盟"合作性世界秩序"治理模式。这种模式是在共同的追求和目的下，通过合作实现和维护自身国家利益。这种合作不强求一致或成员国让步尝试低程度的合作。这种模式坚持多个原则，其中有多边主义原则、规则和制度遵守原则、成员国之间互相承认文明多样性和合理性原则。

4）卢静②认为，发展中国家参与全球治理的途径有：①通过加强与国际接轨的制度改革，奠定参与全球治理的体制基础；②通过加强彼此合作，增强在全球治理中的地位和权力；③通过南北对话推动与发达国家之间的互利共赢，积极寻求全球治理的共同点；④在坚持原则和维护自身利益的同时，保持策略的灵活性。③

5）全球治理的价值。全球治理委员会在《我们的全球之家》对全球治理的价值做了阐述，认为提高全球治理质量，最重要的

---

① 庞中英.中国学者看世界·全球治理卷［M］.北京：新世界出版社，2007：52.

② 李芳田，等.全球治理论析［J］.南开学报（哲学社会科学版），2009（6）.

③ 卢静.对外开放：国际经验与中国道路［M］.北京：世界知识出版社，2011：239.

是具有全球公民道德，呼吁尊重生命、自由、正义、公平、正直和有爱心。梁守德认为，中国的和谐世界理念为全球治理提供了治理的价值。和谐世界的核心价值就是"包容与民主"，面对一个多元并存、差异显著、问题丛生的全球社会，要维系全球治理，需要的正是以中国传统哲学的六大核心理念为基石的全球治理的价值观。它们分别是：天人合一的宇宙观，仁者爱人的人道观，阴阳交合的发展观，知行统一的实践观，多元兼容的文化观和义利统一、以和为贵的价值观。①

以上研究虽然表明全球治理的概念、本质，以及其他方面内容存在争议，但正是这些全球治理的研究开阔了笔者的视野。

1.2.3 体育全球治理

全球治理涉足体育领域的研究很少，"体育全球治理"这个词于2012年才在体育与国际政治领域著名学者舒盛芳的《体育全球化》一书中首次出现。

舒盛芳对体育全球治理做了初步的系统概括，他认为体育领域是全球治理的一个特殊领域，体育全球治理事实上是通过有关国际规制解决体育领域里的有关问题，维护正常的全球体育交流和竞赛秩序。体育全球治理作为一种新的分析框架和实践模式，对国内外体育和奥林匹克的发展具有重要影响。体育全球治理主体包括各国政府、政府部分及亚国家的政府当局、非正式的全球公民社会组织（国际性的非政府组织、全球公民网络和公民运动）。国际奥委会在体育全球治理中发挥重要作用，在国际体育事务中扮演核心角色。体育全球治理分为内部治理和外部治理，内部治理由国际奥委会、国际单项体育联合会等国际非政府组织，以及各国政府体育部门、国内的社会体育组织、职业体育俱

---

① 梁守德，等.全球化与和谐世界[M].北京：世界知识出版社，2007：238.

乐部、协会等主体治理，外部治理由除体育内部治理之外的所有主体参与，但不是所有事件都能分清主体，有些体育治理既涉及体育内部治理，也涉及体育外部治理。现有的体育全球治理对象有球场内外的暴力问题、兴奋剂问题、腐败问题、恐怖主义和安全问题、商业化和职业化的问题、国际大赛申办举办(申办制度、程序、资格)的环境问题、竞赛规则修订、裁判培训和惩治黑哨、运动员出国比赛、赛事转播管理、体育文化交流等。他认为体育受国际政治的干扰不可避免，在现有背景下西方国家在体育全球治理规制的制定方面起着支配地位和作用，有更多的话语权，获得了更多利益，直接损害了公正有效的体育全球治理。①

阳煜华专门研究了国际奥委会在全球治理中的作用，他认为国际奥委会作为非政府国际组织，在参与全球治理的过程中一直把谋求与联合国等政府间和非政府间国际组织的合作视为己任，并通过充分发挥在促进国际和平、参加环境保护、推进性别平等化、伸张身体健康权、保障弱势群体的体育权利等方面的功能，获得国际社会对奥林匹克运动价值和自主性的承认。②

以上研究表明，体育全球治理方面的研究还只是全球治理理论在体育领域的"碎片化"延伸，即从现实主义视角或自由主义视角对体育全球治理的研究，这种关于体育全球治理的研究还处在经验研究阶段。

1.2.4 话语权

目前，话语权在学界尚没有统一的定义，不同领域的研究者都在试图以自己所在的领域为基础来架构和定义话语权。学界对话语权的认识主要有下面四种：①话语权是话语权力；②话语权

---

① 舒盛芳.体育全球化[M].杭州：杭州出版社，2012：201–223.
② 阳煜华.国际奥委会在全球治理中的作用[J].体育学刊.2008(5)：18–21.

是话语权利；③话语权是话语权利和话语权力；④话语权是影响力、能力或权威。

（1）话语权是话语权力。

认为话语权是话语权力的典型代表人物是法国社会学家米歇尔·福柯，他从政治学角度提出了"话语权"的概念。他在1970年就任法兰西学院院士时的演讲中就提出了"话语就是权力"的著名论断。受其影响，法国社会学家布迪厄指出，每一次语言交流都包含了成为权力行为的潜在可行性。语言关系总是符号权力的关系，通过这种关系，言说者及其所属的各种集团之间的力量关系以一种变相的方式体现出来。①

部分国内学者也持有类似观点。张志洲认为话语权指的是一种权力，而不是指有没有说话的权利。② 他在《和平崛起与中国的国际话语权战略》一书中认为，从本义上看，"话语权"（power of discourse）是指"话语"所包含的或体现的权力，即话语是权力的一种载体和表达方式，离开"话语"谈话语权，往往混淆了实力对比关系与话语—权力关系。③ 庹继光在《奥林匹克传播论》一书中认为，话语权是以语言形成对他人的强制权力。④ 他认为按照最简单的构词方式，话语权可以划分为"话语"与"权力"两个核心元素。"话语"是权力的一种形式，影响、控制"话语"的最根本因素是权力，"话语"与权力是不可分的，真正的权力是通过"话语"来实现的。江涌认为这种话语权是权力，这种权力是能以非

---

① 费爱华.营销场的建构：一种人际传播的视角[M].北京：中国传媒大学出版社，2009：48.

② 张志洲.话语质量：提升国际话语权的关键[J].红旗文稿.2010（14）：22-24.

③ 张志洲.和平崛起与中国的国际话语权战略[J].今日中国论坛.2012（8）：14-17.

④ 庹继光.奥林匹克传播论[M].成都：巴蜀书社，2007：308.

暴力、非强制的方式改变他人、他国的思想和行为，一个国家的
国际话语权大小，直接取决于该国国际社会实力的强弱，以及实
力的有效使用。① 张睿蕾在《中国模式——提升中国国际话语权
的机遇》中认为国际话语权作为话语权的延伸，是国家间的权力
关系，是以追求影响力为主要目标的，其主体包括政府和非政府
组织、跨国团体和个人，范围涵盖各大领域，所以它既能给一个
国家政权带来利益，也能给一个国家政权带来损害。②

（2）话语权是话语权利。

持有这种看法的学者一般是从语言学和传媒学角度出发的。
如学者冯广艺在《论话语权》中认为，话语权是人们为了充分表达
思想、进行言语交际而获得和拥有说话机会的权利。③ 刘德标在
《我国亟须提升商务媒体国际话语权》中认为话语权是说话的权
利，商务媒体国际话语权是指人们对国际商务活动、行为、现象
发表言论的权利，这种话语权可以进一步引申为人们对一切国际
商事行为所做出的发表权、解释权、评论权，主要内容包括发布
商务新闻信息，掌握国际商务舆论导向，进行国际商务综合分析
评论等一切与之相关联的权利。

（3）话语权是话语权力和话语权利。

刘学义在《话语权转移：转型时期媒体言论话语权实践的社
会路径分析》一书中认为，首先，话语权中的"权"表现为"权
力"，即一种政治权力或者文化权力；其次，话语权中的"权"还

---

① 江涌.中国要说话，世界在倾听——关于提升中国国际话语权的思考[J].红
旗文稿.2010（5）：4－8.

② 张睿蕾.中国模式——提升中国国际话语权的机遇[J].南京理工大学学报
（社会科学版）.2012，25（3）：30－34.

③ 冯广艺.论话语权[J].福建师范大学学报（哲学社会科学版）.2008（4）：
54－59.

隐含着"权利"的含义。① 我国学者张健认为权含有"权力"和"权利"两个基础语义，指的是"话语的权力"和"话语的权利"；"话语权"内涵具有伦理与阶级两个基本维度，伦理维度体现为"权利"内涵，阶级维度则体现为"权力"意蕴。② 张忠军在《增强中国国际话语权的思考》中认为，话语权既是一种说话的"权利"，也是一种说话的"权力"。作为"权力"意义上的话语权，不仅是指拥有说话的权利，而且是指能够通过语言的运用，使自己的理念和主张得到他人的尊重和认可，以非暴力、非强制的方式改变他人的思想和行为。

（4）话语权是影响力、能力或权威。

张志洲认为话语权是话语所产生的影响力。③ 陈力丹、梁雨晨在《向世界说明中国——论中国的国际话语权问题及策略》中提到国际话语权不是权利，而是一种精神力量的展现。这个概念指的是一个国家就国家事务和相关国际事务发表意见的权威度和影响力；一个国家在世界上的话语权地位，是由其政治经济实力决定的，如果一个国家经济发达、政治外交活跃，就会在许多事情上有较多的决定权，说话自然有分量、受重视。④ 乔夏阳，鲁宽民在《马克思主义中国化与中国国际话语权研究》中认为，话语权是指控制舆论的能力，表现在国际社会层面是指某种国际行为体的意识形态及理念的吸引力。⑤

---

① 刘学义. 话语权转移：转型时期媒体言论话语权实践的社会路径分析 [M]. 北京：中国传媒大学出版社，2008：2.

② 张健. 话语权的解释框架及公民社会中的话语表达 [J]. 湖南行政学院学报. 2008（5）：85 - 87.

③ 张志洲. 中国国际话语权的困局与出路 [J]. 绿叶. 2009（5）：76 - 83.

④ 陈力丹，梁雨晨. 向世界说明中国——论中国的国际话语权问题及策略 [J]. 新闻传播. 2010（11）：11 - 13.

⑤ 乔夏阳，鲁宽民. 马克思主义中国化与中国国际话语权研究 [J]. 齐齐哈尔大学学报（哲学社会科学版）. 2010（6）：30 - 32.

从不同的视角和领域，人们对话语权有着不同的理解，国际竞技体育话语权应属国际政治领域，但又有着体育这一特别领域属性，所以对国际竞技体育话语权的概念界定非常重要，是整个研究的关键起点。

1.2.5 国际竞技体育话语权

（1）定义和内涵。

目前国内外涉及国际竞技体育话语权的研究不多，对国际竞技体育话语权还没有准确定义。赵国闯在硕士论文《论体育软实力及其在国际关系中的作用》中认为，国际体育活动的领导权和国际体育活动的话语权属于体育软实力范畴。[①] 肖金明、黄世席在《法律视野下的奥运会》中认为，国际奥委会全方位把握着国际体育话语权。[②] 熊晓正认为在国际体坛上主导竞技体育的话语权是国际竞争力的一部分，包括在国际奥委会和国际单项协会任职的官员人数和级别，以及参与"游戏规则"制定的程度，[③]这一看法得到了人们的普遍认同。李羽在硕士论文《我国在国际体育组织中话语权提升策略研究》中从国际竞技体育组织类别、岗位职务、任职来源和个人影响方面分析了我国国际体育组织中话语权的现状。[④]

（2）话语权缺失的原因。

李羽认为我国在国际体育组织中话语权弱势的原因有：组织中大国霸权的抑制，综合国力和体育事业自身发展限制，国体政

---

① 赵国闯.论体育软实力及其在国际关系中的作用[D].郑州：郑州大学，2011.

② 黄世席，肖金明.法律视野下的奥运会[M].北京：中国人民公安大学出版社，2008：131.

③ 熊晓正.我国竞技体育发展模式的研究[M].北京：人民体育出版社，2008.

④ 李羽.我国在国际体育组织中话语权提升策略研究[D].北京：北京体育大学，2012.

体不同导致意识形态分歧，东西历史文化差异的制约以及我国在国际体育组织中的人才匮乏。①

（3）话语权争取研究。

李羽认为，提升我国在国际体育组织中的话语权需要增强我国体育综合实力，密切与其他国家的关系，重视国际体育活动机会，熟悉国际竞技体育组织流程，推进完善组织梯队建设。② 肖焕禹，邵雪梅提出我国要形成中华体育文化特色，培养一批走向世界的体育理论家。③ 任鸿娟提出我国需要树立良好的国家形象。④

由上可以看出，为数不多的文献只针对国际体育组织，并没有对国际竞技体育话语权的概念、内涵做出有针对性的、深入的研究，这也是本书需要进一步研究的地方。

1.3 研究目标和研究内容

1.3.1 研究目标

本书主要研究在竞技体育全球化背景下，中国的国际竞技体育话语权在国际上所处的水平，影响中国国际竞技体育话语权的因素，以及中国的国际竞技体育话语权的提升思路。

---

① 李羽.我国在国际体育组织中话语权提升策略研究［D］.北京：北京体育大学，2012.

② 李羽.我国在国际体育组织中话语权提升策略研究［D］.北京：北京体育大学，2012.

③ 肖焕禹，邵雪梅.体育强国内涵的阐释［J］.体育科研.2009，30（4）：2－5.

④ 任鸿娟.西方媒体报道对中国国家形象的再现——以 NBC 奥运会专题片为例［J］.当代传播.2010（3）：122－123.

1.3.2　研究内容

第一，查阅我国媒体报道和政府政策文件，确定国际竞技体育话语权作为研究对象的意义和价值。

第二，通过权的基础语义、话语权的本源、话语权与影响力辨析这三个方面明晰国际竞技体育话语权的本质内涵。

第三，回顾国际体育事务管理的不同阶段，探寻国际竞技体育话语权的产生源头。

第四，根据国际体育管理中最突出的事务——国际体育大赛，总结国际竞技体育话语权的表现内容。

第五，从国际竞技体育组织的结构和决策方式分析国际竞技体育话语权的衡量标准。

第六，收集 36 个在全球最有影响的国际竞技体育组织领导机构信息，分析各国和地区在国际竞技体育话语权中的现状。

第七，针对国际竞技体育话语权现状，对历史机遇、国家背景、个人条件等影响因素进行分析。

第八，根据以上研究和我国国情，提出几点发展我国国际竞技体育话语权的针对性建议。

1.4　研究方法

（1）文献法。

通过查阅我国政府文件、话语权相关书籍、电子期刊数据库等收集国际奥委会和 35 个奥运会项目的国际单项体育组织领导机构信息并作为参考资料。

由于条件受限，本书未单独访谈国际竞技体育组织领导机构人员，但查阅了部分国际竞技体育组织领导机构成员的采访录、自传和关于国际竞技体育组织事务看法的书籍、网络言论及论文资料。如前国际奥委会主席萨马兰奇、前国际奥委会副主席庞德、现国际奥委会主席巴赫、现国际奥委会副主席于再清、前世界羽毛球联合会主席吕圣荣、前国际乒乓球联合会主席徐寅生、前国际排球联合会主席魏纪中等。

（2）数理统计法。

对收集的国际奥委会和35个奥运会项目的国际单项体育组织领导机构信息，从各国或地区在领导机构中的参与率、领导机构人数最多次数、主席人数以及各地区领导人数分布做了简单百分比统计。

（3）比较研究法。

通过对各国在国际竞技体育组织领导机构中的任职情况进行数据统计，分析中国在国际竞技体育组织中所处的地位。

1.5 理论基础

1.5.1 国际关系理论

国际竞技体育话语权与竞技体育利益关系密切，必然需要参考国际关系理论。当代公认的国际关系理论有三派：现实主义、自由主义和建构主义。这三派都认为全球化与区域化并没有从根本上颠覆主权国家作为最基本的行为体在国际政治中的地位，主权国家仍然是并且在相当长的历史时期内仍将是国际政治的最基本行为体，而与主权国家密不可分的利益之争、权力之争必然是首要的长盛不衰的话题。

1.5.2 组织社会学理论

国际竞技体育是由国际竞技体育组织管理的，国际竞技体育话语权与国际竞技体育组织有着千丝万缕的联系，对国家竞技体育话语权的研究必然涉及对组织的研究，因此需要组织社会学理论作为支撑。组织社会学流派众多，本书主要借鉴法国学派代表埃哈尔·费埃德伯格的观点。组织是一种刻意的、有意为之的适时建构，这种建构是为了建立起人们之间的合作关系，利用集体力量解决共同问题，获得共同利益。但是，在追求共同利益的同时，人们也有各自的利益，在集体行动中，会为了让集体行动朝着有利于实现自己利益目标的方向而努力，因此在行动过程中摆脱不了由权力关系构成的网络。

第2章 国际竞技体育话语权的内涵
——国际竞技体育组织中的特定权力

　　学术界对于话语权并没有统一的权威定义，话语权在不同领域有着迥然不同的内涵。在体育领域，话语权研究是个新事物，对于其内涵人们并没有进行针对性研究，而要对国际竞技体育话语权进行研究，我们必须先明确其内涵。因此，本章将从国际竞技体育话语权中心词"权"的基础语义、话语权的本源、话语权与影响力的辨析三个方面探究明晰国际竞技体育话语权的本质内涵。

2.1　权的基础语义

　　单从词语的角度分析，国际竞技体育话语权中，"国际竞技体育"是一种限定，"话语权"是中心词。同理，话语权概念还可以进一步解析，"话语"是一种限定，"权"是中心词。也可以这么理解，国际竞技体育话语权是由"国际竞技体育"和"话语"两个限定词和"权"这一个中心词构成的。在汉语中，"权"有"权力"和"权利"两个基础语义，要研究国际竞技体育话语权，首先要弄清楚研究对象，即理解国际竞技体育话语权中的中心词"权"究竟为哪种语义。在汉语语境中，权力和权利这两个词不光读音相同，而且在日常使用中也常被混淆。

（1）权力的含义。

权力的概念很早就出现了，不论是在中国还是在西方。在古汉语中，"权"字有度量、衡量、权谋、权力之义。如《淮南子·主术》："任轻者易权"，《庄子·天运》："亲权者不能与人柄"，《汉书》："况莫大诸侯，权力且十此者呼"，《后汉书·南匈奴传》："各以权力优劣、部众多少为高下次第焉"。[①] 我国学者王爱冬在《权力与西方国际关系理论》一书中梳理了西方各流派代表人物的权力观，从修昔底德、马基雅维利、霍布斯、汉斯·摩根索、肯尼斯·沃尔兹、米尔斯海默、伍德罗·威尔逊、罗伯特·基欧汉、约瑟夫·奈、温特到福柯、哈贝马斯、德里达，都对权力有着各自的看法。迄今为止，关于权力仍然没有一个统一的定义，有学者发现关于权力的定义至少有 17 种。[②] 美国著名社会学家帕森斯说："权力概念在社会科学（无论是政治学还是社会学）中是不确定的。"伦斯基说："在社会学家们所用的全部概念中，几乎没有多少能比权力更多地引起混淆和误解。"这说明，权力是一个在本质上存在巨大争议的概念，按照内涵相近的原则，基本可以归纳为以下几种。

1）能力或力量说。这种思想将权力看成一种能力或力量。首先提到这种定义，是因为德国政治社会学家马克斯·韦伯对权力的这种定义被人们广泛引用，被认为是对权力的经典定义，即"权力是一个或若干个人在社会生活中即使遇到参与活动的其他人的抵制，仍能有机会实现他们自己意愿的能力"。[③] 这种思想

---

① 赵磊. 走近权力 [M]. 北京：团结出版社，1996：2.

② 倪世雄，等. 当代西方国际关系理论 [M]. 上海：复旦大学出版社，2001：263.

③ 马克斯·韦伯. 经济与社会（上）[M]. 林荣远，译. 北京：商务印书馆，1997：81.

体现了单向强制性。结构功能论创始人帕森斯认为韦伯的定义包含了冲突和对抗，而权力还是有互惠的可能性，可能有助于双方都实现各自目标，所以他认为权力是一种约束能力，这种能力的体现就在于当权力的实施遇到阻力时，它能够用消极制裁来使其得以继续实施下去。① 法国著名组织理论大师克罗齐耶认为权力是在双方参与的交换和协商中，一方获得对自己有利的能力。他认为权力不仅仅存在冲突中，还可以存在妥协和协商中，并不只是韦伯等的单向强制性，但权力双方不管是在哪种情境中，双方仍然是不平等的。② 马克思的话语语境是阶级，他认为权力标志着一个社会阶级实现其特殊的客观利益的能力。③《现代汉语词典》和《社会学词典》都把权力定义为"一个人依据自身的需要影响乃至支配他人的一种力量"，这里的力量其实也是一种能力。卢梭认为国家权力是一切个人力量的联合，是一种普遍的强制性的力量。④ 法国组织社会学专家埃哈尔·费埃德伯格认为权力本身既不是一种压迫性力量，也不是强权，而是一种行动者的行动能力，是行动者在组织成员互动过程中占据获利优势的协商能力。⑤

2）关系说。这种思想将权力看成一种关系，认为政治关系中存在着权力关系，且这种关系是一种不平等的关系，在这种关系中，一些行动者可以指挥、控制或影响其他的行动者。恩格斯说："这种关系的一方肯定是权威，另一方肯定是服从。"凯尔森

---

① 陆少华.权力社会学[M].哈尔滨：黑龙江人民出版社，1989：19.

② 李友梅.组织社会学及其决策分析[M].上海：上海大学出版社，2003：146.

③ 尼克斯·波朗查斯.政治权力与社会阶级[M].叶林，译.北京：中国社会科学出版社，2003：103.

④ 周丕启，等.国际关系中的国家权力[J].国际论坛.2004（6）.

⑤ 埃哈尔·费埃德伯格.权力与规则——组织行动的动力[M].张月，译.上海：上海人民出版社，2008：9.

也持同样的观点，认为社会或政治意义上的权力意味着上级（权威）与下级之间的一种关系，这样一种关系只有在一个人有权命令而另一个人有义务服务的秩序基础上才是可能的。即权力的核心是命令和服从的关系，权力的本质就在于权力客体对权力主体存在着一种依赖与服从关系。①《不列颠百科全书》认为权力是一个（多个）人的行为使另一个（多个）人的行为发生改变的一种关系。

　　除了上述两种外，还有诸如工具（手段）说、目标（目的）说、过程说等。如约翰·伯顿支持工具（手段）说，认为在所有国际关系中最一致的认识莫过于国家靠权力生存，用权力实现目标这个假设了。② 汉斯·摩根索支持目标（目的）说，认为权力争夺是国际政治的本质，国际政治像所有政治那样，是争夺权力的斗争，③ 不管国际政治的终极目的是什么，权力总是其直接目的。汉娜·阿伦特支持过程说，认为权力不是个体的属性，而是属于组织，只要组织存在，权力就存在。某人拥有的权力实质正是被一定数量人授予的。④ 他认为权力是在达成同意的沟通中形成共同意愿的过程。

　　尽管权力有多种定义，但这些定义的不同是源自不同视角的观察，这些定义往往能表达权力的某一特征，代表权力在不同的具体情况下的内涵，所以这些定义之间无所谓优劣对比，甚至可以结合起来综合理解。上述对权力学说的理解可以形成一个循

---

　　① 孔庆茵.国际体系视角下的世界秩序研究[M].北京：中国社会科学出版社，2011：110.

　　② 詹姆斯·多尔蒂，等.争论中的国际关系理论[M].阎学通，等，译.北京：世界知识出版社，2003：78.

　　③ 周丕启.合法性与大战略：北约体系内美国的霸权护持[M].北京：北京大学出版社，2005：13.

　　④ 周丕启.合法性与大战略：北约体系内美国的霸权护持[M].北京：北京大学出版社，2005：13.

环，即为了权力目标，利用权力能力，在权力关系中，获得权力结果。从这个循环可以看出真正关于权力本身的定义还是权力能力和权力关系，据此笔者认为从能力说和关系说定义权力比较符合权力本身的自在含义，因此认为权力是一种控制能力，反映的是支配与被支配、控制与被控制、服从与被服从的不对称关系。对于这种关系是冲突的还是协商的，本书暂不做讨论。

（2）权利的含义。

权利一词拉丁文为 jus，英文为 right，法文为 driot，德文为 recht，它们均为正直、公正之意。① 中国古代虽然也有权利一词，但与近代意义权利概念相去甚远，多表示权势及财货之意，与权力概念更接近。如《荀子·君道》："按之以声色、权利、忿怒、患险而观其能无离守也"，《史记·魏其武安侯传》："家累数千万，食客日数十百人。陂池田园，宗族宾客为权利，横于颍川"。② 中国近代意义的权利概念在 19 世纪末 20 世纪初由西方传入，近代权利概念从中世纪到格劳秀斯和洛克，再到康德和黑格尔，其内容无非是自由、生命和财产以及对前三者的保护和自卫权。③ 如美国宪法修正案第五条规定："未经正当法律程序，不得剥夺任何人的生命、自由和财产。"学术界对近代权利概念的本质也有多种看法，其中最常见的是以下几种。

1）资格说。这种观点从主体享有权利的条件出发，认为对某事拥有资格，才能对某事拥有权利，即权利是主体具备或符合法律道德等规定的条件。

2）自由说。这种观点把自由看作权利的本质，认为权利主体具有意志的自由以及由此所延伸的行为自由，这种权利主体可以

---

① 费安玲.民法总论[M].北京：高等教育出版社，2011：320.

② 赵磊.走近权力[M].北京：团结出版社，1996：2.

③ 张新锋.专利权的财产权属性[M].武汉：华中科技大学出版社，2011：60.

不受法律或他人强迫。

3）利益说。这种观点认为权利享有与行使是基于利益目的的，权利本质是法律承认和保护的利益，很多利益在法律上可直接冠以权利，如名誉的权利、财产的权利。

4）法力说。这种观点认为权利是法律赋予的，权利主体凭其可以实现法律允许的目的。

资格说对于认识权利没有太大作用，因为两者含义上没有什么差别，英文中"entitlement"常在汉语中被译为"权利"，也有英语作家把"entitlement"当作"right"的可通约用词。如罗伯特·诺齐克就采用"entitlement"一词用作"权利"，所以用资格来定义或解说权利，有循环定义之嫌。自由说被西方许多大思想家所坚持，从霍布斯、斯宾诺莎、洛克到康德、黑格尔，这种解说的优点是指明了权利人自主性特征和行为不受他人干涉阻碍的特征，但这种解释未能将权利与自由加以区别，极容易滑向自由就是权利的观念。事实上，这种自由不同于一般哲学意义上人的自由，而是对某行为的做、不做、永久放弃的选择自由。[①] 利益说中利益与权利不是完全等同的。第一，法律所保护的利益未必为权利，如违章建筑的拆除使附近地价上涨，这并非权利；第二，行使权利也未必获得利益，如法定监护权的行使。法力说解释权利的本质是由特定的利益和法律上的力两种因素构成的，特定的利益是权利的内容，而法律上的力则是权利的外在表现形式，内容与形式的结合构成权利本质。[②] 这种观点满足了个人合法利益的同时，确保了人与社会的和谐关系，因此这种说法被学术界广泛接受，很多时候说起权利，都是在法律的范围内研究。

综上所述，权力和权利最明显的区别是：第一，运用领域不

---

① 张恒山.法理要论[M].北京：北京大学出版社，2009：313.
② 费安玲.民法总论[M].北京：高等教育出版社，2011：326.

同。权力是一种控制能力，反映的是支配与被支配、控制与被控制、服从与被服从的不对称关系，所以权力一般是一个政治概念，而权利通常是个法律概念，权利的行使必须以法律为依据，即依照法律行使权利。第二，享有的主体不同。权利被法律所规定，社会公民人人平等享有，权力则不能被人们平等享有。第三，体现的关系不同。权利体现的是平等关系，而权力体现的是不平等的关系。正像有人说的那样："权利是一种人格，是人享有任何东西达到各种满足的一种资格，是一种可能性。人的权利能否最终体现为实际，就要看他是否具有权力。"所以，根据本书的选题依据，显然本书要研究的国际竞技体育话语权不是世界社会公民人人都享有的、平等的权利，如对国际体育的言论权利、陈述权利、申辩权利、受告知权利、辩论权利，而是只有一部分人可以享有的不平等的权力，如国际竞技体育事务的定义权力、裁判权力、规则制定和修改权力。这里所研究的国际竞技体育话语权的内涵更多是偏向政治领域的一个概念。

2.2　话语权的本源

要理解话语权的概念，必须理解话语。在传统上，话语研究主要运用于修辞学和诗学等语言学领域，[①]后来才被广泛运用到社会学、人类学、文化学等领域，其中向国际政治语言学转向是20世纪80年代话语研究的一个重要组成部分，话语研究的这种转向主要源自后殖民主义和后现代主义理论。后殖民主义理论强调话语体现了一种权力结构，显然，这种话语关注的重点不在于

---

① 刘少轩.发展中国家在多边贸易体制中的话语权分析[D].北京：外交学院，2007：2.

千差万别的话语,而是关注不同话语背后的权力关系,几乎所有国家和非国家行为体,尤其是处于崛起中的大国,都希望自己的话语能够获得认可,进而在国际权力关系网络中赢得有利的权力地位。[①] 话语研究中,结构主义语言学将语言和社会结构联系在一起,启发了后现代主义对话语权的研究。后现代主义思想家推崇话语权这个概念。在这些思想家看来,话语权是一种通过话语表达的权力关系。后现代主义关于话语权研究的代表人物有福柯、哈贝马斯、德里达。

(1)在福柯的研究中权力占据着中心地位,其1969年出版的著作《知识考古学》集中阐述了他的话语权思想。

他将话语放在广泛的社会合法性过程中来认识,强调了真理如何构建和如何维持,从中反映了权力关系。1972年他与德勒兹合著的《知识分子与权力》中是这么描述权力的:"那东西如此神秘,可见又不可见,在场又不在场,无所不至无孔不入,这东西就叫作权力。"[②]1977年,他的著作《规训与惩罚》进一步将话语界定为权力关系的中介,认为知识和权力存在相关性,话语与权力之间存在互相建构的作用,一切人类关系都是权力的角逐与妥协。在权力关系的作用下,话语影响并创造着知识客体,规定着真理。[③] 福柯对话语权进行了要素分析,他认为有三点值得我们注意:第一,每个人在日常生活中都在生产话语,但只有在物质权力单位上和特定文化权力场所上的话语才具有话语权。持有同样观点的还有法国思想家皮埃尔·布尔迪厄。皮埃尔·布尔迪厄也认为不能以语言的表面意思去看话语的权力,应该从研究权力

---

① 赵可金.软战时代的中美公共外交[M].北京:时事出版社,2011:87–88.

② 王爱冬.权力与西方国际关系理论[M].北京:中国社会科学出版社,2010:87–234.

③ FOUCAULT. Discipline and punish:the birth of the prison(Trans. AlanSheri—dan)[M].NewYork:Vintage,1977:3–8.

接受和权力行使的相互联系方面来理解。只有从这个语境来理解，才能清楚掌握维持和颠覆社会秩序的力量或能力，才能获得话语权。第二，话语权的结构在根本上与权力结构是密切相关的，即使缺乏共同规范和共同利益，只要对话各方相互承认，就能达成共识。第三，话语权的形成离不开话语实践，只有进行话语实践，话语权才有可能成为现实。福柯的研究被认为是话语权的最早研究，他的研究启发了一大批思想家对话语权的兴趣，丰富了人们对话语权的认识。

(2)哈贝马斯关于话语权的理解是站在一种规范视角，利用金钱、行政权力和团结三种资源，达到整合社会的多种冲突并建立政治正义的目的。

哈贝马斯期望世界范围内的公民形成世界公民意识。[①] 在这种想法下，整合冲突主要是在严格的法律程序下，采用讨论、说服的方式解决。他的话语权理论被看作一种社会治理模式，与传统的治理模式相比，突出了"正义"和"交往"。哈贝马斯关于话语权的认识受德国权力理论家汉娜·阿伦特的影响。汉娜·阿伦特提出了交往权力理论，认为权力的产生在主体间，而不在主体中，即产生权力需要在交往当中。但是，汉娜·阿伦特强调，只有交往时共同体的成员自由才能产生交往权力，这种交往权力是理性的产物，不是暴力的产物。哈贝马斯的交往权力有别于汉娜·阿伦特。汉娜·阿伦特把政治权力等同于交往权力，即一种能控制、左右别人意志的能力或工具，而哈贝马斯则认为政治权力可以分为行政权力(国家权力)和交往权力：行政权力是国家掌控，国家通过法律这个工具，以自身利益为依托，实现自己的利益和目的，这种为了自己利益而控制别人意志的能力是"暴力"；

---

① 刘建成.第三种模式：哈贝马斯的话语政治理论研究［M］.北京：中国社会科学出版社，2007：4.

交往权力则是从规范的角度，在非强制交往中达成共识的力量。哈贝马斯强调交往权力要转化为行政权力后，它的制裁功能、组织功能、实施功能才能进行，①即通过各利益群体的代表协商所达成的共识以法律的形式进行规定。这种方式把交往权力转化成了行政权力，即法律是交往权力转化为行政权力的媒介。②

（3）德里达对话语权的认识主要集中在传媒领域，他的研究最早是对媒体话语权的研究，他认为话语权是指控制舆论的权力，话语权一般在由强势集团或拥有经济权的人掌握，这些人通过控制媒体和其他经济实体来操控人们的思想和判断，即话语权为一种潜在的现实权力。

综上所述，话语权概念和相关研究始于20世纪后半叶的后现代主义，具有代表性的后现代主义思想家有福柯、哈贝马斯、德里达，虽然他们对话语权的研究领域和观点各有不同，但也有着共同之处：一是话语权是特定机构特有的，包括物质权力单位和特定文化权力场所；二是话语权产生于共同体成员之间的交往。由此可以看出，话语权本源研究的目的是研究话语背后的权力，而本书国际竞技体育话语权的本质也是研究这样一种权力。

2.3　话语权与影响力

目前，在话语权的定义中，除认为话语权是话语权力、话语权利外，最常见的是把话语权定义为影响力。这实际是受权力与影响力概念不清的影响。权力与影响力都是指某种社会能力或社

---

① 王晓升. 政治权力与交往权力——哈贝马斯对于民主国家中权力结构的思考[J]. 苏州大学学报，2007(3).

② 哈贝马斯. 在事实与规范之间[M]. 北京：生活·读书·新知三联书店，2003：184.

会关系，且它们之间的联系错综复杂，以至于学术界对这两个概念边界众说纷纭，各执一词。有学者认为二者等同，把权力定义为一种发生在影响者与被影响者之间，并令被影响者服从的影响关系。[①] 也有学者认为权力包含影响力，如当代西方著名政治学家柏依姆把影响关系列为权力关系的一个内容。[②] 还有的学者认为权力包含于影响力，达尔举出了1400种不同的影响力，而权力是其中的一种影响力。[③] 由于权力与影响力区别不清，话语权与影响力也出现了区分不清的情况。

关于权力和影响力的区别，学者们有着不同的辨别方法，但人们普遍接受的是其中三种。一是从强制与否区分。达尔认为用制造严厉制裁的前景来对付不屈从，从而得到屈从，这种影响力常被称作权力；当代西方政治学家拉斯韦尔和卡普兰也认为正是制裁的威胁把权力同一般意义上的影响力区分开来，权力是施加影响的特例，是借助制裁（真正的或威胁的）的行为来影响他人的决策过程。二是从选择自由区分。沙曼认为，影响可以表现为建议、说服或者权力，但是建议和说服都是进行一项行动过程的理由，最后还是选择者的选择，建议或者说服使接受者享有选择的自由，因而这类影响都不是权力；在权力关系中，权力的接受者只有完全地服从，不管他是否确信、是否愿意、是否有自己的选择。三是从地位不同区分。美国当代政治社会学家奥罗姆认为，接受影响的人是否居于决策地位，是区分权力与影响的关键，只有居于决策地位的人所施加的影响才是权力，而其他的影响仅仅是影响决策者行使权力的社会能力。例如，一些人占有某些职位，那么作为朋友或同事，就能影响权力行使者的决策，这类影

---

① 高尚涛. 国际关系的权力与规范[M].北京：世界知识出版社，2009：51－52.

② 柏依姆. 当代政治理论[M].北京：商务印书馆，1990：138.

③ 赵磊.走近权力[M].北京：团结出版社，1996：11.

响不是权力,"说客"这一生动形象的提法就恰到好处地表达了"影响"的意义所在。[①] 又如壁球、7 人制橄榄球、垒球、棒球、轮滑、空手道和高尔夫这 7 个项目竞争 2016 年奥运会备选项目,在此之前,7 个项目开展了如火如荼的宣传和推广,各项目中有国际影响力的人士以及大牌运动员都为自己的项目拉票助威。高尔夫世界男女顶级球员们,包括老虎伍兹、索伦斯坦等为高尔夫拍摄视频宣传片,为高尔夫进入 2016 年奥运会造势,高尔夫和 7 人制橄榄球最终在投票中胜出,这其中老虎伍兹等大牌球员并非拥有投票的权力,而是凭借自身的国际影响力影响了投票。

这三种虽然表述不同,但意思却是一样的,最易区分的是第三种——从地位不认同来区分。也有学者从词汇意义上分析归纳了个人权力和影响力的差别,如表 2 - 1 所示。

表 2 - 1 权力与影响力对比[②]

项目	权力	影响力
能力授予者	上级相关部门、法律或某一组织结构规定	施用者本身
是否带有强迫性	是	否
外在表现	外在表露式	隐蔽式
使用结果	短期效果强,长期与权力持衡密切相关	短期见效性差,但长期效果好
成长方式	获得更大授权	自我修养提高

---

① 赵磊.走近权力[M].北京:团结出版社,1996:12-14.

② 高坤.早上 3 分钟,轻松提升个人影响力[M].北京:北京理工大学出版社,2011:7.

2.4　国际竞技体育话语权定义

上文通过对权的基础语义、话语权的本源、话语权与影响力这三个内容的分析，已经不同程度地阐明了话语权与权力、权利、影响力、能力、权威之间的关联。话语权本源研究是话语背后的权力，这是一种只有一部分人可以享有的权利，不是世界社会公民人人都平等享有的权利。这种权力存在于特定的组织机构中，产生于成员之间的交往，反映的是支配与被支配、控制与被控制、服从与被服从的不对称关系。

国际竞技体育话语权由限定词"国际竞技体育"和中心词"话语权"组合而成。我国在国际体育概念上达成了一致认识，认为国际体育是国家之间进行的以竞技运动为主的一系列文化交往活动，这里的"国际体育"实际指的是"国际竞技体育"。①

根据目前研究的结果，我们可将国际竞技体育话语权定义为：国际竞技体育话语权是以竞技运动为主的国家或地区之间交往活动中的一种特定的权力。这种权力仅存在于国际竞技体育组织当中，产生于国际竞技体育事务管理之中，反映的是交往活动中所处决策地位的不对称关系。

2.5　本章小结

国际竞技体育话语权是以竞技运动为主的国家或地区之间交往活动中的一种特定的权力。这种权力仅存在于国际竞技体育组织当中，产生于国际竞技体育事务管理之中，反映的是交往活动中所处决策地位的不对称关系。

---

① 周西宽.体育基本理论教程[M].北京：人民体育出版社，2004：423.

第3章　国际竞技体育话语权的产生
——体育全球化和国际竞技体育事务管理

正如 Held 所言，"全球化指的是一种历史过程，它改变了社会关系和交易的空间组织，造就了权力运用和交往行为的跨大陆或者区域的网络"。① 体育全球化也是如此。体育全球化是一个逐步发展演进的过程，在这个过程中，各个国家和民族之间相互交流，通过不断借鉴、渗透，把过去联系不多的国家、群体或者个人自然或不自然地、主动或不主动地纳入体育全球化的发展轨道，改变了之前的社会关系，增加了相互依赖的交往，并在这些交往行为中造就了权力的运用。

因此，本书要对国际竞技体育话语权进行研究，首先就要对其产生背景——体育全球化进程和国际竞技体育事务管理的发展展开研究。体育全球化进程可分为三个阶段。第一阶段：运动项目的全球化管理；第二阶段：综合性运动会的全球化管理；第三阶段：国际竞技体育组织分工明确的全球化管理。

---

① 赫尔德，等.治理全球化——权力、权威与全球治理［M］.北京：社会科学文献出版社，2004：2.

3.1 第一阶段：运动项目的全球化管理

文艺复兴时期，英国贵族重视和青睐能体现贵族显赫地位和高雅举止的活动，如击剑、板球、赛马、足球、游泳等。这些活动迅速影响了整个欧洲大陆，一开始，各种体育活动或游戏在各地的规则都不完全相同，有些是根据当地风俗形成，有些是参与者自身约定，这些规则都没有统一标准，甚至有些体育活动或游戏规则是开始前又有改动，这种混乱的规则情况不利于国内不同地区之间的体育交流。19世纪中后期，伴随着都市规模的不断扩大和资本主义大工业的发展，体育交流与体育活动不断增多，越来越需要统一的规则，因此在运动团体之间渐渐出现了规则的统一。这些规则的统一往往是较大的和有威望的团体通过提供体育场所等一些有利条件，把自己的意志强加给小型团体。随着这些团体的逐步聚集，在国家内部出现了单个体育项目的联合会。联合会制定标准规则，把这些团体联合起来，如美国1858年最早成立了全国性体育组织——全国棒球联合会。单项体育项目联合会成立后不断壮大，国内此种体育项目的其他团体又纷纷加入，使之成为该项目的国内最高权力组织，并拥有对这个体育项目的实质性管辖权。如法国田径运动协会联合体1889年创建时只有6个协会团体，到1895年发展到149个协会团体，1900年又扩展到300个协会团体。第一次世界大战（以下简称一战）前几十年，欧洲发达国家纷纷成立本国的单向体育组织。如德国在1883—1902年，相继成立了划船、自行车、田径、足球、网球协会；英国在1863—1888年，相继成立了全英射箭总会、足球协会、曲棍球协会、帆船协会、自行车联盟、业余拳击协会、业余游泳协会、体操协会、橄榄球协会、业余田径协会；比利时、意大利、荷兰、新西兰、澳大利亚也陆续建立了类似的全国性运动协会。随着竞赛活动的规模不断扩大和举办次数越加频繁，大部分运动协会都感到有进一步加强联系和合作的必要，综合型的全国性联合会由此产生。1878 年美国成立的全美业余运动员协会，便是世界最早的全国性组织，德国和法国等欧洲国家也先后建立了类似的体育运动组织。① 在不到 100 年的时间，运动组织就从零星分散的状态过渡到了全国性综合状态。

　　欧洲大陆对体育运动的爱好是国际比赛的推动力。19 世纪 70 年代，最初的大型运动会，后被称为全欧洲和世界非正式锦标赛中，由于组织者没有在举办之前对规则进行统一，造成了比赛混乱。这才让组织者认识到只有事先对规章制度达成国际协议，世界运动会才能真正开展起来。这也迫切要求国际性赛事统一规则。另外，国与国之间相互依赖程度加深，国际公共事务管理中合作与协商的日益增多也迫切要求统一的规则制度，因此，1881 年第一个国际体育单项组织——国际体操联合会应运而生。从 19 世纪 90 年代起，在陆续成立的国际单项体育组织的组织下，体育项目在世界范围内逐渐开始遵守统一的规则，第一届欧洲花样滑冰锦标赛于 1891 年在汉堡开幕。②

　　体育运动的国际发展促使人们对运动项目规则出现统一的要求，国际单项体育组织的出现，使得体育项目在世界范围能有统一的比赛规则和统一的组织领导，使其脱离了各国或地区比赛规则各自为政的局面，真正地实现了国际性。国际单项体育组织成了国际体育事务管理的权力机构，并使国际体育事务管理在自觉和不自觉的过程中形成。可以看出，国际体育事务管理一开始的管理对象便是运动项目规则的全球化统一。这时，国际体育单项

---

① 颜绍泸.竞技体育史[M].北京：人民体育出版社，2006：35.

② 舒盛芳.体育全球化[M].杭州：杭州出版社，2012：204.

组织属于民间性质的团体，国际竞技体育话语权就掌握在这些西方社会最高阶层人士的手中，因为只有这些人才有钱旅行和保持必要的国际交往，才有条件建立巨大的国际竞技体育组织系统①。

3.2 第二阶段：综合性运动会的全球化管理

17 至 18 世纪的启蒙运动被认为是人类第二次思想解放运动，启蒙运动倡导自由、平等、民主和法制，受这一思想文化运动影响，人们开始了对古希腊体育和古奥运会的关注，英、法、德等国的一些专家相继赴奥林匹亚实地考察和发掘。1830 年希腊从土耳其获得独立，出现了复兴古希腊文明的热潮；1881 年古奥运会遗址的主要设施重见天日，这一发现轰动了整个欧洲，奥林匹亚的考古成果也激发了人们对奥林匹克运动的憧憬。② 19 世纪末，欧洲工业革命完成，生产力大为提高，人们的思想和生活方式发生重大变化，教育改革中个性和人格的发展成为教育的主要目标。而古希腊教育制度和古奥运会的基本精神符合教育家们主张个性解放的思想。另外，由于国际单项体育组织的不断发展壮大和体育项目的不断进步，人们迫切需要一个世界规模的综合性运动会。19 世纪后，欧洲和美国、加拿大的一些地区为复兴奥运会进行了各种尝试，在众多创立现代奥林匹克运动的先驱中，法国教育家皮埃尔·德·顾拜旦最为突出，在其号召组织下，1894 年来自 12 个国家的 49 个体育组织在巴黎索邦神学院召开

---

① 颜绍泸.竞技体育史［M］.北京：人民体育出版社，2006：160.

② 邓树勋，等.体育基本理论教程（第二版）［M］.广州：广东高等教育出版社，2004：46.

国际体育运动代表大会。这次大会成立了国际奥林匹克委员会①，通过了《奥林匹克宪章》，简单地确定了一些基本的意向与原则。如规定了每4年举行一次奥林匹克运动会和国际奥委会与政府的关系等。"逆向代表制"就是这时提出的，那时还没有国家奥委会，因此与会代表都是以个人身份参加活动的。同年，法国、希腊、芬兰、美国按照《奥林匹克宪章》率先成立了国家奥委会，但国家奥委会与国际奥委会不是隶属关系，而是互相承认关系。国家奥委会负责在一个国家或地区开展奥林匹克运动，国际奥委会和国际单项体育协会的各种项目最终都要由国家奥委会承担、执行和完成。国际奥委会成立后的几年，又有几个国家陆续成立了国家奥委会，但国家奥委会的数量还是不多，很多国家还是由体育协会代行其职。

国际奥委会成立初期，尚未认识到奥运会领导权的重要性，规定国际奥委会主席由奥运会举办国的国际奥委会委员轮流担任，放弃了领导和监督权，使得奥运会一切事宜均由东道主随意安排。这一时期，由于现代运动项目仅在少数欧洲国家开展，参与国际奥委会的国家还很少，加之国际奥委会经费来源单一，只靠会费和赞助，又无盈利项目，奥运会的关注度还不高，国际单项体育协会也根本没有参与其中，甚至连国际奥委会本身对奥运会也不是很重视。如第3届奥运会东道主国家和国际奥委会主席均未到场，连奥林匹克之父顾拜旦也在回忆录中提到因为没有兴趣而没有出席，所以这一时期在奥运会这个平台上，国际奥委会和国际单项体育协会还没有什么联系。

---

①　国际奥委会在不同时期的称呼不同，奥林匹克运动会国际委员会、国际奥林匹克委员会、国际奥委会都是同一组织，后文不再累述。

3.3 第三阶段：国际竞技体育组织分工明确的全球化 管理

在国际体育事务管理的前期，由于管理主体之间管辖范围不是很明朗，围绕权力和利益，管理主体之间不断发生冲突。这些冲突主要发生在奥林匹克运动会这个平台上，时间从 1905 年一直持续到 1980 年。1980 年后，在关键人物萨马兰奇对奥林匹克大规模变革下，各管理主体开始各负其责，以共同利益为目标进行民主协商与合作。这一时期，各组织职责逐渐明朗化，各国际竞技体育组织的权力通过一系列冲突和合作，最终成为相互承认的稳定结构。因此，本书对其的观察是有效的。三次冲突始末如下。

第一次冲突始末：国际奥委会与国际单项体育联合会。

1905 年，在比利时第 3 届国际奥林匹克体育运动大会上，顾拜旦号召起草未来比赛所有必要的体育法规，统一竞赛规则。这次大会标志着国际奥委会开始对技术有了要求，也为与国际单项协会合作做了铺垫。1908 年，由国际奥委会的英国官员和英国单项体育协会的代表组成的英国奥林匹克理事会主办了第 4 届伦敦奥运会。这次奥运会从规则制定、赛程编排到裁判选派以及比赛组织都是由英国各单项体育协会负责，与前几届奥运会相比，其规范化程度大大提高。这次比赛为后来国际单项体育协会管理奥运会技术工作奠定了基础，也为以后的冲突埋下了伏笔。

1912 年，第 5 届奥运会在斯德哥尔摩召开。奥运会发展到这一时期，对世界各国的影响逐渐加深，响应《奥林匹克宪章》成立的国家奥委会已经达到了一定的规模。这时，国际单项体育协会的数量不断增加，地位不断上升，权威日益增长，在这种情况下，国际奥委会承认了国际单项体育协会的地位，提出国际单项体育协会可以在奥运会中拥有制定规则的权力。但是，这时的国际单项体育协会底气十足，除要求规则制定权力，还要求在奥运会中建立最高理事会，这种与国际奥委会分享奥运会领导权的要求被顾拜旦否决，此后两年双方为此争论不休，相互质疑。

1914 年，国际奥委会分别在奥林匹克大会和国家奥委会代表大会上正式赋予国际单项体育协会和国家奥委会明确的职责，即国际单项体育协会在奥林匹克运动中负责制定竞赛规则，提供仲裁和组织比赛，而国家奥委会负责选派运动员。在国际单项体育协会得到国际奥委会在奥运会中正式身份的承认后，双方才停止冲突，开始合作。三个组织职权范围这才有了雏形。

第二次冲突始末：各类国际体育运动会和国际奥林匹克运动会。

一战使得 1916 年的奥运会被迫停办，一战结束后，受国际大环境改变的影响，出现了不同类型的国际体育组织，包括代表帝国主义的国际体育组织，代表社会主义的国际体育组织，代表国际工人阶级的工人体育组织，以及代表妇女解放运动的国际妇女体育组织。这一时期增加了大量综合性国际比赛和地区运动会，处在这种环境中的国际奥委会和国际单项体育协会的影响力受到挑战，因此他们选择通过合作来应对这一情况。1921 年国际奥委会召开大会，正式邀请国际单项体育协会参加。大会强调国际单项体育协会已成为奥林匹克运动中的主要行为体，双方开始对话合作。这一时期国际奥委会规模不断扩大，事务不断增多，迫切需要一个执行机构来贯彻大会决议和与国际单项体育协会及国家奥委会交涉商谈。因此，国际奥委会执委会在 1921 年应运而生，而国际单项体育协会也成立了国际单项体育协会"代表董事会"。自此，国际奥委会执委会与国际单项体育协会"代表董事会"开始负责处理两个组织之间的关系，并定期召开两个组织代表会议。

两个组织合作使得奥林匹克运动会影响逐步增大，明显超越了其他类型的国际性比赛和地区运动会，国家奥委会的数量也由一战前的 29 个增加到 60 个。在 1925 年的布拉格大会上，顾拜旦再次指出由国家奥委会组织管理各自国家参加奥运会。与奥运会国际影响力逐渐增大情况相反，大量一战后增加的综合性国际比赛和地区运动会影响力日益减弱。由于受各种政治、经济因素的影响，它们有的走向消亡，有的虽然存在，影响力也大不如前了。如 1919 年法国人阿·米里叶女士号召创建的国际妇女体育联合会分别在巴黎(1922 年)、哥德堡(1926 年)、布拉格(1930 年)、伦敦(1934 年)举办了 4 届世界妇女运动会后，于 1935 年停办，而 1913 年成立的国际工人体育运动委员会虽然到如今还存在，却在第二次世界大战(以下简称二战)后，就逐渐在工人群众中失去了吸引力。①

总的来说，在这次冲突中，国际奥委会、国际单项体育协会和国家奥委会三者以合作为基础取得了最终胜利，三者至此基本确定了各自的职责范围。

第三次冲突始末：国际奥委会和国际单项体育协会以及国家奥委会。

二战后，国际体育环境发生了巨大的变化，一是奥林匹克运动会成为各国争夺政治利益和处理种族问题的工具，如中国的合法席位问题、慕尼黑惨案、实行种族歧视的罗得西亚参赛问题；二是电视媒体与体育的合作共赢被抑制的问题；三是国际职业体育的迅速发展使维持业余原则的奥运会精彩度大打折扣的问题。这些问题恰恰冲击了奥运会的三大原则：无政治化原则、无商业化原则、参与运动员业余原则。国际奥委会连续两任主席埃德斯特隆和布伦戴奇分别实行"休养生息"和"闭关锁会"政策，丝毫

----

① 颜绍泸.竞技体育史[M].北京：人民体育出版社，2006：191 - 197.

不顾国际体育环境的变化，画地为牢，作茧自缚。于是，政治原因的抵制连续不断，且规模越来越大，旧有经营模式使国际奥委会自身资产每况愈下，举办城市债台高筑。如旧的封闭模式使奥林匹克运动陷入了严重的政治危机和经济危机。[①] 美国丹佛市由于财政经费问题不得不将已经得到的 1972 年冬季奥林匹克运动会举办权交回国际奥委会，由国际奥委会另行选择城市。

在严重的危机冲击下，国际奥委会和与国际奥委会合作的另两个国际竞技体育组织的关系也出现裂痕。1930 年前国际单项体育联合会和各国国家奥委会能通过奥林匹克代表大会，对奥林匹克运动管理有一定决策权。但 1930 年后，因国际奥委会个别领导人认为奥林匹克运动的一切事宜，应完全由国际奥委会掌管，无须与其他组织协商而取消了奥林匹克代表大会，国际单项体育联合会和国家奥委会从此对奥林匹克运动管理失去了决策的权力。这两个组织对国际奥委会独霸奥委会管理权表现出了极度不满，因此国际单项体育协会在 1967 年成立了国际单项体育联合会，强烈要求参与奥林匹克运动的领导工作。而国家奥委会在这方面也有同样的抱怨，也在 1967 年成立了各国奥林匹克委员会总会。但是国际单项体育联合会代表大会和各国奥林匹克委员会总会都不被国际奥委会承认，他们的要求也都被拒绝了。这使得三大国际竞技体育组织的关系降到了历史冰点，有的国际组织如联合国教科文组织还试图接管国际奥委会。

这种情况一致持续到 1972 年基拉宁担任国际奥委会主席才有所好转。1973 年国际奥林匹克委员会恢复了中断 43 年之久的奥林匹克代表大会，并将其作为制度写进《奥林匹克宪章》，规定原则上每 8 年召开 1 次代表大会。代表大会最开始由国际奥委会执行委员会、国际单项体育联合会、国家奥委会组成，但这时的

---

① 张金桥.奥林匹克运动[M].西安：陕西人民教育出版社，2006：180.

代表大会已经不是 1930 年前具有决策性质的会议，而是一个咨询性质的会议，尽管这样，其作为三大组织关系的融冰之举还是具有积极意义的。这一时期在奥林匹克运动会这个平台上，表面上看国际奥委会独占国际竞技体育领导权，实质上其他竞技体育组织对此并不承认。1980 年在萨马兰奇的领导下，国际奥委会针对奥林匹克运动所面临的各种问题进行了大规模的变革，打破了国际奥委会恪守的非政治化、非商业化、非职业化的运行原则，本着团结合作的态度积极主动改善与奥林匹克中起关键作用的其他竞技组织的关系。正如萨马兰奇所指出的："如果维护三者的团结，奥林匹克运动就会变得坚强有力，否则我们将付出代价。"各组织之间开始了合作，主要有以下几个方式。

（1）加强协商。

现代社会国际组织管理决策的大趋势是民主化，因此为缓和同国际单项体育组织的矛盾，国际奥委会在奥林匹克运动的组织中也注意听取其他组织的意见。国际奥委会与国际单项体育联合会和国家奥委会协商沟通的主要路径是会议。

第一是奥林匹克代表大会。1894 年至 1930 年召开了 9 次奥林匹克代表大会。那一时期参会代表基本都是国际奥委会成员，大会偶尔也会邀请国际单项体育协会成员参加。那时的奥林匹克代表大会是个决策性质的会议，但自从国际奥委会执委会成立后，奥林匹克代表大会就失去了原来的功能。1973 年奥林匹克代表大会在中断 43 年之后重新召开，并将其作为制度写进宪章，规定原则上每 8 年召开 1 次代表大会。这时的奥林匹克代表大会已经属于有关奥林匹克运动的、协商性质的会议，会议由国际奥委会主席主持，参加的代表包括国际奥委会、国际单项体育联合会和国家奥委会的成员，会议议事日程也由三大组织代表协商后确定，讨论的事宜扩展到奥运项目、体育场馆建设、兴奋剂检测和奥林匹克宪章等，极大地提高了国际单项体育联合会和国家奥委会的主人翁意识和积极性。

第二是国际奥委会执委会与国际奥委会的联席会议。同国际单项体育联合会合作形式一样，国际奥委会承认了由各国国家奥委会联合成立的国家奥林匹克委员会总会，并先后承认了一些地区奥委会协会。国际奥委会与国家奥委会每隔1至2年举行1次联席会议，1987年国际奥委会秘书处还成立了专门处理国家奥委会关系的"国家奥委会关系部"。

通过定期会议这种途径，国际奥委会与另两个组织的关系从直接冲突转为对话合作。

（2）通过宪章。

作为国际奥林匹克委员会制定的关于奥林匹克运动的最高法律文件，《奥林匹克宪章》对奥林匹克运动的宗旨、原则、组织、机构、奥林匹克各种活动的基本程序、成员资格及其各自的职权范围等作了相当明确的规定，以期指导奥林匹克运动顺利平稳地运行。它成为各方进行合作的基础和约束所有奥林匹克活动参与者行为的最基本的法律文件。在召开奥林匹克代表大会时，国际奥委会与国际单项体育联合会和国家奥委会协商并达成共识，制定了三个组织认可的宪章。

根据宪章规定，国际奥委会是奥林匹克运动的最高权力机构。它是一个非政府的、非营利的国际性组织，其主要任务是领导奥林匹克运动，如决定奥运会主办城市、决定奥运会比赛项目、处分参与奥运会的任何违章人员等。运动项目要成为奥运会比赛项目，首先其所在的国际单项体育协会要获得国际奥委会承认，同样，国家奥委会只有获得国际奥委会承认才能参加奥运会。可以说，国际奥林匹克委员会集中了奥林匹克中的一切重要权力。

国际单项体育协会的主要任务是负责它所管辖的运动项目的行政管理、技术等方面工作，如制定本项目奥运会参赛标准和规则等。其一般是非官方的、国际性的组织，所管辖的运动项目具有独立性、自主性，在奥运会竞赛工作中拥有很高的职权，可对接纳协会这些项目的国家和地区的体育项目进行管辖。这些协会被要求其组织规章必须与奥林匹克宪章保持一致。[①]

国家奥委会是各国和地区在奥林匹克运动中的唯一合法代表，并最终负责执行和完成国际单项体育协会和国际奥委员会组织的所有国际体育活动。

以宪章为依据，三大组织被授予不同的权力，这种权力不是依靠行政的手段来掌握的，而是通过一整套制度化的组织措施实现的。[②]

（3）利益分享。

国际奥委会在成立后的六七十年里一直处于入不敷出的状态，经常有人指责这个组织是富豪俱乐部，因为奥运会本身没有重要的资金来源，参加国际奥委会的个人必须支付参加国际奥委会会议和奥运会的所有费用。1980年以前举办奥运会所需要的经济支援以政府支持和社会无偿赞助为主，这种模式易受外界干扰，效率低下，难以满足奥运会对巨额款项的需要，而举办奥运会的城市也常常负债累累，所以少有城市有兴趣举办奥运会。

1980年萨马兰奇当选国际奥委会主席，确定了几件令人高度赞扬的大事，其中一件就是通过奥林匹克营销让奥林匹克运动在经济上相对独立。奥林匹克营销的核心内容有两个：一个是观赏性文化产品——奥运会营销；另一个是高附加值的无形资产——奥林匹克标识营销。奥运会营销包括奥运会门票出售、电视转播权出售；奥林匹克标识营销包括奥林匹克赞助商选择、奥林匹克供应商选择、特许经营选择、奥林匹克纪念币、奥林匹克邮票等。

---

① 张金桥.奥林匹克运动[M].西安：陕西人民教育出版社，2006：183.

② 项立敏.现代奥林匹克运动[M].徐州：中国矿业大学出版社，2005：139.

通过奥林匹克营销，国际奥委会获得了坚实的经济基础，不但能够支持申办城市举办奥运会，还能为其他体育组织或赛事提供援助，这使得奥运会能够为自己掏钱。

任何一个国际活动，如果参与的各方只有贡献的责任，而不能从中得到应有的利益，那么便很难长久。国际奥委会通过奥运会营销获得经济独立的同时，从多个方面的经济利益共享促进了奥林匹克三个组织的团结合作。第一，在电视版权收入中，国际奥委会规定奥运会电视版权收入的49%及奥林匹克营销收入的50%由夏季和冬季奥运会组委会用于举办奥运会，剩下的部分在奥林匹克运动的其他成员中分配，包括国际奥委会、国际单项体育协会、国家奥委会。① 第二，通过"奥林匹克团结基金会"和国际奥委会"TOP计划"对国家奥委会、区域体育组织协会和奥运会组委会进行经济援助。由于国际奥委会为主办国带来如此巨额资金，奥运会不用再恳求由哪一个城市来举办。如雅典被选为主办城市之前，就获悉能够从全球电视转播权销售收入中获得7亿美元，从国际奥委会的国际市场营销项目中获得2亿美元，通过赞助商对五环标志的商业使用获得4亿美元，通过销售门票获得2亿美元。②

国际奥委会通过与国际单项体育协会和国家奥委会共享奥运会营销利益，促进了三者之间的团结合作，形成了一个紧密相连的奥林匹克组织体系。

（4）人员重复。

国际奥委会是一个志愿者联盟，在1999年之前，国际奥委会还是完全按个人品德挑选委员，其成员由国际奥委会自身选择。作为国际奥委会在成员所在国家及地区的代表，国际奥委会委员

① 全国体育院校教材委员会.奥林匹克运动[M].北京：人民体育出版社，2006：271.
② 庞德.奥林匹克内幕[M].屠国元，等，译.长沙：湖南文艺出版社，2006：186.

曾一度达到 130 名。1999 年后国际奥委会完善了这种委员遴选方式，使国际奥委会成员组成结构更加符合奥林匹克运动主要的拥护者，满足国际单项体育协会和国家奥委会一直都想参与奥林匹克领导的夙愿，共同领导管理奥林匹克运动。同时，以个人名义加入国家奥委会的遴选方式依然有效。如今，国际奥委会委员人数设定目标是 115 名，包括 15 名奥运期间由奥运选手推荐的现役运动员、15 名国际单项体育联合会代表、15 名国家奥委会代表、70 名因独特个性而入选的委员。[①]

这样，国际奥委会、国际单项体育协会和国家奥委会的机构中有很多人员在不同的组织中担任不同的职务，促进了组织间的沟通和交流。

综上可知，体育活动不断国际化和组织化的管理过程是国际竞技体育话语权产生的原因。伴随国际体育事务的管理，产生了不同的国际竞技体育组织，各国际竞技体育组织之间经过一段时间的冲突和合作，逐渐明晰了各自的管理范围即各自国际竞技体育话语权领域。国际奥委会主要的话语权是领导奥林匹克运动，如决定奥运会主办城市，决定奥运会比赛项目，处分参与奥运会的任何违章人员。国际单项体育协会的主要任务是负责它所管辖的运动项目的行政管理、技术方面等工作，如制定本运动项目奥运会参赛标准和本运动项目的规则，它的话语权也就体现在这些方面。国家奥委会的主要话语权是选派各自国家参加奥运会的运动员，发展和维护各自国家地区的奥林匹克运动。

目前世界最大的国际竞技体育话语权平台是奥林匹克运动，虽然奥运会是奥林匹克运动的一个核心内容，但奥林匹克运动不仅限于四年一度的奥运会。《奥林匹克宪章》明确指出，奥林匹克运动内容丰富，除奥运外，还包括大众体育、高水平竞技运动、

---

① 庞德. 奥林匹克内幕 [M]. 屠国元, 等, 译. 长沙: 湖南文艺出版社, 2006: 190.

体育的教育科研和文化艺术等。可以说，由于将一切体育活动都纳入奥林匹克运动之中，吸引了更多的国家加入，国际奥委会职权范围更大、控制的内容更多。国际竞技体育组织除国际奥委会、国际单项体育协会外，还包括国际残疾人奥委会、国际特殊奥委会、各大洲奥委会等，但国际奥委会和国际单项体育协会的管理范围最广。

3.4 本章小结

体育全球化是一个逐步发展演进的过程，它改变了体育项目在单个国家范围开展的传统，造就了对国际体育事务进行专门管理的国际竞技体育组织，并在对国际体育事务管理和交往过程中细分了管理领域。可以看出，对国际体育事务的管理是国际竞技体育话语权的来源，国际竞技体育话语权集中于国际竞技体育组织机构之中。

第4章　国际竞技体育话语权的表现

　　国际竞技体育话语权集中于国际竞技体育组织之中，对国际竞技体育事务进行管理是国际竞技体育话语权的来源。而对于大部分国际竞技体育组织来说，其目标主要是管理赛事的正常、持续进行。因此，各种体育赛事是国际竞技体育话语权最突出的表现平台，对赛事中的具体事物的管理，即组织职能权力是国际竞技体育话语权最突出的表现内容。

4.1　表现平台——国际体育大赛

4.1.1　综合型赛事

　　（1）奥运会。

　　奥林匹克运动会（Olympic Games）（简称奥运会）是在奥林匹克主义指导下由国际奥林匹克委员会主办，包括35种体育运动项目和体育庆典的大型综合国际性运动会。奥林匹克运动会起源于古代希腊的奥林匹克地区，并因此而得名。奥林匹克运动会发展至今已成为世界和平与友谊的象征，是世界范围融合体育、文化、教育等多种元素的盛会。奥林匹克运动会举办周期为4年，主要包括以下几个阶段：

1）申办阶段。由国际奥林匹克委员会提前9年向各国奥林匹克委员会发送询问函，告知其在收到信函6个月内提出申办申请，每个国家奥委会能且只能从其国家中提名一个城市来申办9年后的奥运会，被提名的城市需要得到市政当局的批准以及本国国家奥委会的推荐，其候选资格才能正式确立。

确立候选资格后，国际奥委会将召开一次信息发布会，详细介绍有关申办过程，听取申办城市就举办奥林匹克运动会的预期承受能力及公众支持、申办愿望等汇报。为了使奥运会申请更加标准化，申办城市必须就本地的国际和地区特色、海关和入境手续、气象条件、环境保护、治安状况、卫生医疗系统、奥运村、食宿供应、交通、奥运计划、竞赛场所、文化及青少年教育、传播媒介、通信、数据资料服务及网络服务、经济状况、市场营销、沟通形象及法律事务和体育比赛经验进行介绍和说明；国际奥委会将对所有城市递交的申请文件进行审查，选出最有可能举办的几个城市；审查完成后，国际奥委会会委派调查委员会去访问选出的每一个城市，对申请中描述的事项、场所和地点开展评估，并在最终票选的2个月前向国际奥委会呈送评估报告；最后由国际奥委会召开会议，每个进入候选的城市有1个小时的时间介绍申办情况和回答奥委会成员提问，之后进行不记名投票，票数较低的城市淘汰，票数最高的城市获得举办权。

2）准备阶段。获得举办权的城市将有7年的时间去准备奥运会，此项工作是由国际奥委会和举办国奥委会组成的奥运组织委员会（简称奥组委）完成的，主要包括：奥运整体规划和具体计划的制定实施、经费的筹集，运动员参加资格及标准的制定与审定，裁判员的选定；比赛场馆、运动器材及奥运村、贵宾驻地、记者村等设施的修建；交通、饮食、接待、宣传、安保、环境治理、人员培训、医疗的安排；吉祥物、纪念章、邮票的设计等。具体工作主要由本国奥委会完成，国际奥委会负责监督。

3）举办阶段。奥运会的举办包括开幕式、比赛日、闭幕式。

①开幕式。首先，由组委会主席宣布本届奥运会开幕，如果东道主国家的元首出席，国际奥委会主席和奥组委主席将在运动场入口迎接，并一起到主席台专席就座；随后，是各国代表团入场，入场顺序按照主办国语言的字母顺序，但希腊代表团依照传统第一个入场而东道主代表团一般最后入场；接下来，由奥组委主席、国际奥委会主席发表开幕词，在国家元首宣布奥运会正式开幕后，奏响《奥林匹克圣歌》，升奥林匹克旗，点燃奥林匹克圣火，由运动员代表和裁判员代表宣誓，奏或演唱主办国国歌。以上固定程序结束后，将举行大型的体育文艺表演。作为开幕式主要内容的大型体育文艺表演往往是决定开幕式成功与否的关键。

②比赛日。竞技运动比赛是奥运会的主要内容。随着奥林匹克运动会的不断发展至 2008 年北京奥林匹克运动会时，比赛项目已经达到 28 个。比赛的规模不断扩大，导致了主办国需要投入的资金不断增加，不利于奥林匹克运动会的继续发展。国际奥委会在 2005 年的新加坡全会上通过决议，从 2012 年伦敦奥运会开始，奥运会只设置 26 个大项，并且今后的奥运会大项将限制在 28 个以内。2007 年，国际奥委会再次通过改革决议，2020 年以后奥林匹克运动会将设定 25 个核心项目，以后的奥林匹克运动会将固定这 25 个项目的比赛，并且在这 25 个项目以外最多设置 3 个临时项目。

奥组委负责奥运会的具体组织工作。比赛的技术问题由各国际单项体育组织负责，主要是裁判工作。各国际单项体育组织在奥运会前向各国的国际裁判发出邀请，并组织他们在比赛期间开展所辖项目的裁判工作。担任辅助工作的裁判员，如巡边员、司线员、记录员等大都由东道国派出，应邀参加的所有裁判所需的费用由奥组委负责。

③闭幕式。首先，各国代表团旗手按照开幕式顺序入场，运动员则不按国籍顺序和队伍方阵随意入场，各国的旗手在主席台旁边就位。国际奥委会主席、奥组委主席在主席台就位，升希腊国旗、主办国国旗以及下届主办国国旗，主办城市市长登台将奥林匹克运动会会旗交还给国际奥委会主席，下届举办城市的市长从国际奥委会主席手中接过会旗；然后由奥组委主席讲话，国际奥委会主席致闭幕词，熄灭奥林匹克圣火，奏《奥林匹克圣歌》，降奥林匹克会旗，旗手及各国运动员退场；最后是大型的文艺表演。

（2）亚运会。

亚洲运动会（Asian Games，Asiad）（简称亚运会、亚运）是国际奥委会承认的地区性大型综合运动会之一，是亚洲地区规模最大、水平最高、影响最大、参赛人数最多的综合性运动会，代表整个亚洲的体育运动水平，是令人瞩目的盛大的体育节日，其前身是远东运动会和西亚运动会。

1）亚运会的申办。亚运会每 4 年举办一次，与奥林匹克运动会相间举行，在两届奥运会之间逢双年举行。亚运会的具体举办时间先由承办国向亚奥理事会提出建议，然后由亚奥理事会做出决定。亚运会申办一般在举办的 7 年前开始提出申请，由亚奥理事会代表大会尽可能在 6 年前确定举办城市，以便举办城市有足够的时间筹集资金，进行必要的基本建设和竞赛组织工作，保证亚运会顺利进行。

申请举办亚运会要由承办城市向其国家政府提出报告，并得到政府的书面批准，由政府宣布支持举办亚运会，并保证各参赛国代表团顺利入境，保证亚运会按亚奥理事会的基本原则、宗旨、规则和规程进行组织。承办城市或政府同意后，由会员国奥委会在亚奥理事会代表大会开会前 90 天，以书面形式呈交亚奥理事会秘书长。亚奥理事会秘书长应在代表大会开会前 60 天，将收到的所有申请告知各会员组织。①

因为亚运会规模庞大，开支巨大，又涉及政治、宗教、文化等方面，稍有不慎，就会带来难以弥补的损失，所以亚奥理事会非常重视对申请承办亚运会会员国的审查，要求承办城市在申请中要按亚奥理事会的有关要求，详细介绍各方面的情况，包括项目设置、举办时间、举办城市基本情况、举办大型比赛经验、场馆设施、后勤保障、政府态度和支持程度、社会秩序、资金落实、交通通信、安全保障、城市现代化程度等。然后，才由亚奥理事会执委投票表决哪个国家得到亚运会的举办权。② 但是，如果亚奥理事会发现承办国有筹措不善、政治变动或其他难以抗拒的情况并且将影响亚运会的举行时，则有权撤销和改变承办国家及地点，以保证亚运会如期顺利召开。

2）亚运会的举办。①组委会机构。承办亚运会的会员国成立亚运会组委会，直接领导和组织亚运会的各项工作。除承办国的亚奥理事会副主席外，亚奥理事会主席及其他官员都不能成为组委会成员。亚运会组委会一般设领导机构和执行机构。领导机构由国家首脑或政府高级官员担任名誉职务，举办城市的市长等官员和国家奥委会主席等若干成员负责担任主席、副主席和其他领导职务，主要负责亚运会组织工作中的一些原则性问题。领导机构下设的委员会是亚运会具体工作的执行机构，全面负责亚运会的场馆建设、竞赛、新闻、财务、集资、人事、接待、电视转播、医务宣传和开幕式、闭幕式等事宜。③ 委员会有几十个，包括行政、竞赛、人事、财务、安全、交通、场地器材、宣传、新闻等委员会和亚运会各个项目委员会，这些委员会将为亚运会的举办做

① 胡新民，等.历届亚运会集锦［M］.北京：中国奥林匹克出版社，1990：31.

② 张厚福.体育法学概要［M］.北京：人民体育出版社，2005：214.

③ 胡新民，等.历届亚运会集锦［M］.北京：中国奥林匹克出版社，1990：33.

一切必要的准备。组委会至少每3个月必须定期向亚奥理事会报告亚运会准备工作的情况，在亚运会举行的当年则必须每个月报告1次，其他时间也可以直接与亚奥理事会联系。

②裁判员和技术官员的选派。裁判员是亚运会竞赛中非常重要的一个团体，裁判员的水平高低与运动会能否顺利进行密切相关，因此组委会在开幕式前几个月便会开始各项目裁判员队伍的组建。亚运会裁判由承办国相应的全国单项体育组织与国际或地区单项体育组织协商确定，由承办国组委会发出邀请。

亚奥理事会对亚运会的竞赛拥有指导权，国际和亚洲各大项联合会对所属项目具有全部的技术指导权。各国际单项联合会委派1~2名技术代表。技术代表必须在该项比赛开始前7天之内抵达，负责检查器材设备、场地设施是否符合该单项联合会的规定，并对竞赛进行监督。

③竞赛中的抗议和申诉。在竞赛中，运动员或会员组织如对任何技术性问题有异议也可提出抗议，对裁判的某些决定如有争议可提出抗议，抗议和申诉必须以书面形式提出，主要向三个主体递交。一是向裁判员递交。向裁判员提出有关事实的异议，由裁判决定，不得上诉。二是向单项仲裁委员会递交。对裁判的某些决定有不同意见的抗议和申诉，须由申诉的会员组织代表提出，抗议和申诉必须在引起抗议和申诉事件后两小时内提出。单项仲裁委员会在调查后做出裁决，该裁决为终审裁决。三是向最高仲裁委员会递交。一个队或一名运动员由于违反亚奥理事会规则和规定而要取消其比赛资格时，需由最高仲裁委员会裁决。亚运会最高仲裁委员会由亚奥理事会执行局担任，负责对亚运会中一切非技术性争议做出最后决定。①

3）亚运会比赛阶段。亚运会的主办国可在由亚奥理事会认

---

①　胡新民，等.历届亚运会集锦[M].北京：中国奥林匹克出版社，1990：51.

可的比赛项目中自由选择游泳和田径以外的不少于 11 项的比赛项目。所选择的项目必须有 4 个以上的国家报名参赛。由于亚洲各区域所具有的不同的文化传统特点和各地区青少年的竞赛需求以及提升亚运会的吸引力需要，亚运会设立的比赛项目中有很多都与奥运会不同，并且没有奥运会比赛项目那么严格的准入规定。每届亚运会都会设田径、游泳、足球、篮球等广为开展的基础项目，除此之外就是由主办国根据自身运动场地条件和报名参赛情况增加或减少的比赛项目。如在日本举行的第 3 届亚运会，增加了乒乓球、排球、网球等日本运动员具有优势的项目；在印度尼西亚举办的第 4 届亚运会，增加了该国的强项羽毛球；在韩国举办的第 10 届亚运会列入了跆拳道；在我国举行的第 11 届亚运会则取消了跆拳道，增加了武术等项目。亚运会比赛项目的增加和减少以及变换并不是由东道国根据需要随意安排的，而是必须得到亚奥理事会的同意和批准。

随着亚运会的不断举行，其比赛项目也不断地扩展，第 1 届亚运会只有 6 项，而第 13 届亚运会已经增加至 36 项。亚运会的比赛项目经历了从少到多的发展过程，到目前为止亚运会举办过的项目有武术、田径、射箭、棒球、游泳（含花样游泳、跳水和水球）、足球、羽毛球、摔跤、篮球、保龄球、台球、皮划艇、网球、拳击、马术、高尔夫球、自行车、击剑、体操（含艺术体操）、壁球、手球、曲棍球、柔道、卡巴迪、跆拳道、空手道、乒乓球、现代五项、排球（含沙滩排球）、赛艇、垒球、橄榄球、藤球、射击、举重、软式网球。①

---

① 亚洲运动会简介 [DB/OL]. http：//sports. cctv. com/special/2010yayun/ 20090622/109621. shtml, 2013 - 12 - 29.

4.1.2 单项性赛事

（1）世界杯足球赛。

国际足联（国际足球联合会）（FIFA）管理的世界杯是目前世界上影响力最大、含金量最高、最受欢迎、最高规格的足球比赛，世界杯比赛的覆盖范围及其影响力使其可以和奥运会并称全球级别的顶级赛事，一直以来都深受广大球迷的喜爱。

世界杯决赛阶段的主办国必须是国际足联（FIFA）会员国（地区）。申办时间是从国际足协下发通知开始，首先由有意申办的城市向国际足协提出口头申办请求，之后国际足协向有申办意愿的城市下发正式申办书，再由申办城市提交申办意向书（Expression of Interest）；国际足联将审查这些申办意向书，并向符合申办要求的足协发申办注册表，然后回收填写完毕的申办注册表及由各国足协提交的辅助文件；国际足联认可申办注册表后，将组织20人左右的国际足联执委会考察各国的情况，然后召开会议，投票选出世界杯承办国。需要注意的是，世界杯的申办时间完全由国际足协的通知决定，申办的规则也完全由其决定，如2018年、2022年世界杯申办就同时进行。

作为世界级的足球赛事，世界杯的参赛国很多，导致世界杯的比赛必须分为预选赛阶段和决赛阶段，而只有决赛阶段的比赛在东道主国家举行。全球的报名参赛队伍按地区被划分为欧洲、南美洲、亚洲、非洲、北美洲和大洋洲等6个赛区，在决赛阶段以前，所有的参赛国都必须在自己所在的赛区参加预赛，与同地区的其他球队争夺决赛的参赛资格。一般来说，决赛阶段的参赛队伍是32支，除东道主可以直接进入决赛阶段以外，其他队伍都是通过预赛取得代表其所在赛区的晋级资格。2002年国际足联通过决议，自2006年起上届冠军也需要通过参加其所在区域的预赛，以晋级的方式参加决赛阶段的比赛，而此前卫冕冠军是可以直接进入决赛阶段比赛的。在决赛阶段的比赛中，32 支球队通过抽签的方式分到 8 个不同的赛组，一轮比赛之后积分靠前的 2 支球队晋级下一轮，16 支球队在第二轮中采用单场淘汰制，按照第一轮的排序情况角逐最后的冠军。

（2）世界田径锦标赛。

世界田径锦标赛是由国际田径联合会（简称国际田联）（IAAF）主办的世界水平最高、规模最大的田径赛事，是仅次于奥运会和足球世界杯赛的第三大国际体育赛事。其创始于 1983 年的国际性田径赛事，最初是每四年一届，1991 年起改为每两年一届。

世界田径锦标赛的申办与奥运会等国际大型赛事一样需要提前 5 年以上向国际田联递交申办意向书，之后半年内向国际田径联合会秘书长递交详细的申办材料。申办材料递交后国际田会成立评估团对申办城市进行评估考察，申办城市需要在国际田径联合会的理事会上进行申办称述。最后，由理事会成员评选讨论，并投票选出主办城市。理事会评估团对城市的考察包括政府态度、场地设施、后勤保障、安全保障、经费支持、赛事经验、天气条件等常规条件，有时候国际田径联合会还有其他的一些附加申办条件，如中国北京通过各方努力拿到了 2015 年世界田径锦标赛的承办权，并为此答应了国际田联赞助费事宜。

获得承办权的会员国需要筹建组委会，然后由组委会根据规程任命全部工作人员，包括行政管理官员和比赛裁判人员。行政管理官员一般有竞赛主任、赛事主管、技术主管、赛场展示主管，比赛裁判人员一般有检录、径赛、田赛、全能、外场、场地竞走比赛、公路竞走比赛等裁判员和比赛工作人员，如记录员、计时员、发令员、记圈员、风速测量员、摄像员、测量员等。另外，组委会还设立仲裁组、电视、广播、成绩显示、仪式、医务、信息处理、电子计时等专门委员会，这些委员会都须听从竞赛主任的领导，如图 4 - 1 所示。

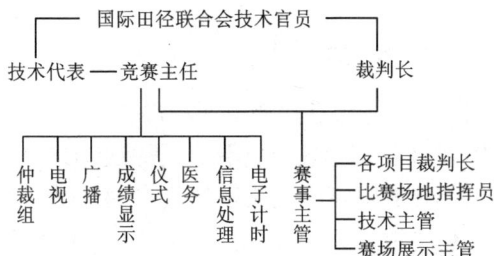

图 4 - 1　世界田径锦标赛组织机构图

4.2　表现内容——组织职能权力

国际竞技体育组织话语权的表现内容主要是组织职能权力。个人总是一定组织中的个人，没有组织权力，就谈不上任何个人的权力。罗素说，如果你想当首相，你必须在你的党里获得权力，而你的党也必须在国内取得权力。

个人在组织中所获得的职能权力（职权），即个人根据担任的职务所拥有或行使的权力。职权具有如下特征：是通过某种法定程序正式授予个人的权力，占据某种职位的人也就相应地拥有某种权力，不在其位的人不拥有这种权力。职权不因权力主体的变动而发生改变，个人去留频繁，但是权威仍旧依附在这个职位上。权力主体的职与权相辅相成，职权随着职位的取得而存在，随着职位的停止而消失。职权在法定程序上有明确的权限规定，职位不同，权力的范围和大小也就不同。常见的职能权力管理的内容有：竞赛城市的确定权、竞赛项目的确定权、项目规则的制定权与修改权、竞赛结果的判定权、项目规则的解释权、国际体育争议的仲裁权。

4.2.1 竞赛城市的确定

一个国家的国际地位和声望主要通过它对国际社会及其他国家的影响力体现出来，包含了该国在国际社会的处境、在国际上的影响力以及与其他国家的交往程度等。① 毫无疑问，一次国际性体育运动盛会的举办是各国显示综合国力、民族精神、社会制度、道德风尚的展厅，创造了与其他国家进行丰富交流的机会和提高本国国际影响力的契机。

全球性体育赛事的举办，也可以为东道主国家带来巨大的商业利益和经济拉动效应。曾经由于缺乏经费，申请举办的国家寥寥无几，在1984年的洛杉矶奥林匹克运动会以前，人们通常都认为举行国际体育运动会是"赔本赚吆喝"的形象工程，是典型的"赔钱赚吆喝"，1980年的第22届奥运会只有莫斯科和洛杉矶两个城市申办，1984年第23届奥运会更是只有洛杉矶一个城市申办。而正是1984年洛杉矶奥林匹克运动会，由于萨马兰奇和罗格创造性地提出"以奥运养奥运"的体育盛会举办新思路，洛杉矶奥林匹克运动会在结束时，奇迹般地盈利了2.5亿美元，向世人展示了体育产业发展和创新的新理念。此后，1988年的汉城奥林匹克运动会、1992年的巴塞罗那奥林匹克运动会、1996年的亚特兰大奥林匹克运动会以及2000年的悉尼奥林匹克运动会不断发展的成功的商业运作模式使得举办奥林匹克运动会成了赚大钱的买卖，其中以悉尼奥林匹克运动会最为成功。有资料显示，从

---

① 杨桦.2008年北京奥运会对提升中国国际地位和声望的研究[J].体育科学，2006：5.

1997 年算起到 2001 年的 4 年时间中，奥林匹克运动会给澳大利亚带来了 42.7 亿美元的旅游总收入。从此之后，"奥运经济"的概念应运而生，主办奥运也成了各国梦寐以求的商业良机。

"奥运经济"是指举办奥运会给举办国带来的直接经济收益（主要有门票、指定赞助商的赞助收入、电视转播权销售收入等），以及带动的其他产业间接或直接诱发的效益。举办奥运会的国家的大部分投入都会用于城市建设、市政基础设施建设和其他一些基建项目建设，且建设的主要产品和劳务大多从本国直接购买，这就为举办国家创造了很多的商业机会和就业机会。奥林匹克运动会的筹备阶段一般要持续好几年，所以在很长的一段时间内，奥运会效应都会极大地刺激举办国家经济的发展。

正是由于国际性体育盛会现在所具有的这种功能以及它的历史和现实意义，各国政府和所属的体育机构均不惜任何代价，采取各种手段与方法来争取体育赛事的主办权。

（1）确定奥运举办国的话语权。

奥运会的举办城市是由国际委员会全体会议，根据书面报告内容，采取全体奥委会委员投票的方式决定的。

奥运会每 4 年举办一次。一般在奥运会举办前 7 年，由申办国奥委会以书面形式向国际奥委会提出正式申请，国际奥委会派出由 1 名主席和若干国家代表组成的审查机构，对申请城市进行全面考察。审查完后，申办国根据国际奥委会 10 个方面的要求向国际奥委会提交书面报告，最后再由国际奥委会全体代表大会根据书面报告内容采取投票的方式决定举办城市。

投票制度规定，所有参加国际奥委会全体会议的国际奥委会委员均有投票权。除此之外，国际奥运会还将邀请国际单项体育协会和各国奥委会各 5 名代表参加会议，这 10 名代表将由国际奥委会自行挑选，其中奥委会主席本人拥有直接任命 2 名代表的权力。

（2）确定世界杯足球赛举办国的话语权。

世界杯足球赛举办国的确定由 20 人左右的国际足联执委会投票决定，首先，由申办城市向国际足协提出口头申办请求，之后国际足协向有申办意愿的城市下发正式申办书，再由申办城市提交申办意向书。国际足联将审查这些申办意向书，并向符合申办要求的城市发申办注册表，然后回收填写完毕的申办注册表及由各国足协提交的辅助文件。国际足联认可申办注册表后，会向各申办城市发放申办协议等文件，并要求各城市按协议准备。随后，国际足联会派 20 人左右的执委会考察各城市的准备情况，包括 12 座专业球场，以及配套设施、电视转播、通信技术、交通和住宿等。最后，国际足联执委会在听取全部的申办城市陈述完毕之后，进行讨论，并由这 20 人左右的国际足联执行委员直接投票选出举办城市。

4.2.2 竞赛项目的确定

国际奥委会会随着时代的发展对项目做出相应的调整，这种调整往往会直接影响该项目的金牌总数和该项目强国的金牌数，甚至影响该项目管理的国际体育组织的发展和收入。如棒垒球，2005 年 7 月和 2009 年 7 月国际奥林匹克委员会通过投票，决定 2012 年伦敦奥运会和 2016 年里约热内卢奥运会暂停举办棒垒球比赛；2010 年 7 月国际奥林匹克委员会决定，将棒垒球列入 2020 年奥运会候选项目，但 2013 年 9 月 8 日，国际奥林匹克委员会表决 2020 年奥运会增列项目时，棒垒球却以 24∶49 票败给摔跤，和 2020 年奥运会也无缘。连续三届奥运会缺席对棒垒球国际组织影响巨大，尤其是国际垒球联合会，其总收入的 86.1% 来自奥运会电视转播权的销售分成。伴随而来的还有各国政府对该项目的扶持减弱、商业赞助减少。可见，退出奥运项目势必使该项目所属联合会尤其是普及度较低项目的组织利益受损。

批准设置或撤销奥林匹克运动会比赛项目属于国际奥委会全会的权限，决定列入或撤销运动分项或小项属于国际奥委会执行委员会的权限。据国际奥委会的章程，奥林匹克运动会的运动项目的增加或者削减议案，必须先由国际奥委会执行委员会讨论通过，再交由国际奥委会全体大会表决，消减项目的提案在表决中获得半数同意即可通过，而增加的项目则必须拥有 2/3 以上的多数票才可以通过。因为一部分国际奥委会委员也是国际单项体育组织的官员，如果其所在项目在该投票环节有可能受到利益威胁，则其投出反对票的可能性就会大大增加。所以新增项目要在国际奥委会全体代表大会投票中获得 2/3 以上的通过票数，是一件很困难的事。尽管这样，奥运会的项目设置在今后还是会有变化，前国际奥委会主席罗格曾经明确表示，以后的奥林匹克运动会的规模将控制在 28 个大项以及 300 个小项的范围当中，如果有新的大项加入，就必须相应地减掉旧的项目。

4.2.3　项目规则的制定与修改

在竞技比赛这个无硝烟的战场中，我们看得见的是竞技实力的竞争，看不见的是对项目规则制定与修改权力的竞争。项目规则是运动员成绩的评价标准，直接影响着运动员和各个国家的竞技成绩和相关利益，主导规则即主导利益的分配。对项目规则制定与修改权力的争夺，从来都没有停止过，无论是在国际单项体育组织中，还是国际竞技体育组织之间。

体育项目的国际规则一般由这个项目的国际体育单项组织制定和修改，但国际足球规则的制定与修改有所不同，国际足球联合会主办的所有赛事的规则都听命于另一个组织——国际足球理事会。国际足球理事会是讨论和决定修改足球规则的国际团体。国际足球理事会并不隶属于国际足球联合会，它与国际足联是两个不同的国际体育组织，但凡是国际足球联合会会员，都必须执行国际足球理事会所规定的比赛规则，只有国际足球理事会有权修改规则。

国际足球规则与其他体育项目在这一点上明显不同是有一定历史原因的。国际足球理事会在国际足球联合会之前成立，早在1886年6月2日，英格兰、苏格兰、威尔士和爱尔兰这4个英国地区性的足球协会就成立了最早的国际性足球组织。当时，它的主要职责是讨论研究英国足球的规则。这个组织成了国际足球理事会的萌芽，正是这一组织最早宣布了它对规则的修改权。这个国际组织实质上是一个纯粹的英国国内团体，其成立会议还确定了4个地区性协会在表决时各1票。18年后国际足球联合会在巴黎成立，由于足球的基本规则均来自英国的"国内团体"——国际足球理事会，国际足球联合会同意由国际足球理事会继续承担足球规则的制定修改工作，承认国际足球理事会对于足球规则问题的权威。随着足球运动在世界其他地方越来越火爆，英国人同意分一点权力给国际足球联合会。1913年国际足球联合会派出2名委员作为代表加入国际足球理事会，此时英国的4个地区性协会在表决中有4票，而任何规则的修改都需要4/5以上的同意通过票数，所以国际足球联合会仍然无法控制国际足球理事会对规则的制定和修改。随着国际足球形式的不断发展，国际足球理事会最终形成了现在的相互制衡的格局，即国际足球理事会共由8名成员组成，其中英国4个地区协会各提名1人，另4名成员则由国际足联执委会指定，每次规则的修改都必须有6票以上同意通过。在这种条件下的国际足球联合会虽然还是不能在规则修改中掌握主动，但却相当于有了否决权。现今足球规则的修改，先由国际足球联合会裁判委员会提交规则修改建议到国际足球理事会进行讨论，并对产生的新规则立即进行颁布；在理事会会议后1个月内，再由国际足球联合会将规则修改之处通知到所属的各协会，各协会可以在接到通知后立即付诸实施。

4.2.4　竞赛结果的判定

竞赛结果往往代表了运动员和其所属国家的集体荣誉，随着现代体育运动不断发展，体育竞赛中的竞争日趋激烈，竞赛结果的判定变得越来越复杂，国际性赛事中裁判判罚中的"乌龙""黑哨"也频频发生。

奥运会项目比赛的技术问题一般由国际单项体育组织负责，其中就包括裁判工作。国际单项体育组织会在奥运会前向各国的国际裁判发出邀请，并组织他们在比赛期间开展裁判工作，但担任辅助工作的裁判员，如巡边员、司线员、记录员等大都由东道主国家派出，这样的组织方法决定了所有的裁判执法权都由国际单项体育组织掌握，并且举办国具有一定的判决优势。

国际足联具有世界杯竞赛结果的判定权，世界杯的 22 名主裁判以及 44 名助理裁判是由国际足联直接指定的。国际足联根据登记注册的 100 多万名裁判在过去 18 个月的执法表现海选出 40 位左右的主裁判和 80 位左右的助理裁判，再经过培训、实战，甄选出最终的执法裁判。

2002 年的韩日世界杯，意大利在 1/8 决赛中被韩国逆转，作为主裁判的莫雷诺上半场判给韩国一个点球，尽管安贞焕的射门过正，未能确立领先优势，但顽强的韩国人在第 88 分钟还是攻破了意大利的城池，将比赛拖入加时赛。加时赛中，托蒂被莫雷诺红牌罚下，安贞焕头球顶入金球，将意大利送回了家。这一行为被外界一致认为是由当时的国际足联副主席韩国人郑梦准一手操作的，莫雷诺也因此成为世界上最著名的"黑哨"裁判。

竞赛结果在不同运动项目中的判定不完全相同，难度也不尽相同。按照不同的取得成绩的判定方法，竞技体育可以分为评分、测量、制胜、命中、得分五大类。在评分类项目中裁判根据评分标准通过主观判断运动员在比赛中动作完成情况，给以相应的分数来决定比赛成绩；测量类项目则通过定量地测定运动员所完成的速度、时间、远度、高度和重量等来决定运动成绩；制胜类项目包括制胜对方而直接获胜的得分；命中类项目由比赛中命中某一目标次数的多少来决定运动成绩；得分类项目的运动成绩是依照特定的得分原则，以得分的多少来决定的。其中，测量类项目的竞赛结果判定往往清晰明了，虽然依然间接受裁判因素影响（如赛跑中判罚抢跑、自行车比赛判罚压线），但影响相对较小。而在其他几类，特别是评分类及得分类受主观因素影响较大的项目中，拥有竞赛结果的判定权就显得相当重要。

在冬奥会双人花样滑冰项目上，从 1964 年该项目进入奥运会到 2006 年一共是 12 届，所有的金牌均被苏联、独联体、俄罗斯选手包揽。在 2002 年该项目的比赛中，加拿大选手萨列、佩雷蒂埃表现突出，赢得了观众雷鸣般的掌声，而俄罗斯选手别列日纳娅、西哈鲁利泽在结束动作上出现明显失误，就在大家都以为冠军非加拿大莫属时，赛会公布了俄罗斯选手第一的比赛结果。上亿观众和媒体看到了这次明显的裁判不公行为，使奥运的诚信受到了威胁。在巨大的舆论压力下，国际滑联最终建议由国际奥委会给加拿大选手同样颁发了金牌，判罚的裁判也受到了停职 4 年的处罚，但随后这名裁判又被选为法国滑联主席，继续在奥运会工作。

4.2.5 项目规则的解释

规则固然重要，是比赛公平公正的保证，但对规则的解释的权力更加关键。体育竞技比赛比拼的不仅是各国运动员的竞技能力和教练员的技战术水平，而且要比相应国家分享到的解释权。规则的最终解释权一般在国际单项体育组织手中，在抗议申诉后或出现一些非技术情况时，国际单项体育组织会进行处理和解

释。如在第 38 届世界体操锦标赛男子吊环比赛中,严明勇丢掉
0.1 分,以资格赛第 5 名而不是第 1 名的身份进入吊环决赛。这
丢掉的 0.1 分是因为中国队原本认为严明勇的一个吊环技术动作
是超 E 组难度,但技术委员会却认为该技术动作是低一级的 E 组
难度。正是因为这一理解上的误差,导致严明勇一套优质的吊环
动作最终只能以 9.9 分起评。中国男队主教练陈雄曾打算当即申
诉,但被国际体联技术委员会中国籍委员黄力平劝止。黄力平在
接受记者采访时表示,出现争议的那个动作是一个尚未写进体操
现行裁判规则的新动作,中国队依照现行规则推断这个动作应属
于超 E 组难度,而在此前的国内比赛上,这一动作也始终被认定
为超 E 组难度,但到了国际比赛上,能为这一新动作划定难度的
只有技术委员会。国际体联男子技术委员会由 7 人组成,包括
1 名主席、6 名委员。6 名委员分别主管男子体操的吊环、双杠、
单杠、跳马、鞍马、自由操 6 个项目,对严明勇那一 E 组动作做
出最终评断的,正是技术委员会内分管吊环的委员。这名委员做
出这样的评断并不是专门针对中国队,不过由此可以看出技术委
员会在体操比赛中的至高权力。

　　所有国际比赛在规则上都力求清晰、全面,但规则表述却无
论如何也不可能包罗万象,包括比赛中发生的所有细节。如在
2012 年伦敦奥运会羽毛球女双比赛中,四对选手(一对中国组
合、一对印尼组合和两对韩国组合)被判没有尽全力比赛,被取
消了比赛资格,很明显规则没有这一条,这完全是规则的漏洞。
然而世界羽毛球联合会只是对涉事运动员给予重罚,自身却未对
规则的漏洞有任何说辞,更没有向观众致歉,完全把运动员推出
担责。由此可以看出国际羽联掌握着规则的解释权。规则解释的
话语权没有监督机制,也不受舆论左右,但有时会直接左右竞技
比赛的结果。如奥运男子自行车竞速团体决赛在英国队和法国队
之间进行,英国队在发车时发挥不好、夺金情况不妙的情况下,

利用规则假摔，得到重赛的机会，并因此得到了金牌。同样是消极比赛，英国自行车队在比赛中利用规则"故意摔倒"之后获利，而羽毛球选手利用规则消极比赛则被重罚，两者的后果真的是天壤之别。

这种对规则的解释霸权，是一种话语霸权，其对一切规则和行为都可任意解释，而且对事件的解释还难以预测。如 2006 年世界杯亚洲区预选赛附加赛就发生了一件让全世界人吃惊的事情。在两回合的淘汰赛中，第一场乌兹别克 1∶0 赢了巴林，但裁判的误判使乌兹别克未能扩大比分。赛后，乌兹别克足协向国际足联发去了正式的申诉文件，要求更改比赛结果并判定乌兹别克队以 3∶0 获胜，但乌兹别克足协万万没想到国际足联的声明中竟然会要求重赛。国际足联的声明中写道："参加紧急会议的委员们认真研究了当值主裁判对比赛结果的影响，主裁判吉田寿光在这场比赛中确实犯了比较严重的技术性错误，也对比赛的结果造成了重大影响，因此为了公平起见，这场比赛需要重赛。乌兹别克足协要求将赛果更改为 3∶0，委员会对此予以拒绝。"亚足联称，做出以上决定的委员包括 2006 年世界杯组委会主席伦纳特·约翰逊、副主席朱里奥·格隆多纳、国际足联副主席和亚足联执行委员郑梦准和国际足联秘书长尤尔斯·林西。[1] 这场比赛史无前例，被戏称为"糊涂官制造糊涂案"，[2] 但这就是最终解释权，是参赛者不得不接受的话语霸权，最终乌巴之间只能重赛。

---

① 世界杯亚洲区预选赛：乌巴重赛，史无前例［DB/OL］. http：//www. ycwb. com/GB/content/2005 – 09/07/content_978355. htm.

② 糊涂官制造糊涂案［DB/OL］. http：//hsb. hsw. cn/gb/newsdzb/2005 – 09/07/content_2191695. htm.

4.2.6 国际体育争议的仲裁

随着社会的发展，运动员和国际竞技体育组织的权益意识不断增强，国际体育争议也不断增多。国际体育争议根据性质可以分为商业性争议、技术或纪律性争议。商业性争议主要包括赞助合同和电视转播权合同争议；技术或纪律性争议主要包括因国际竞技体育组织决定而产生的技术或纪律性争议，如兴奋剂争议、参赛资格争议、处罚争议、项目管辖权争议等。值得一提的是，国际体育仲裁院原则上不仲裁由裁判决定的技术性问题，除非其发展为裁判或者相关体育组织处理的技术性问题，以及存在诚信或程序问题。如对世界羽毛球联合会和国际奥委会对伦敦奥运会羽毛球女子双打四对选手因消极比赛被驱逐出场这个裁决，国际体育仲裁法庭的秘书长勒布表示，这个案例不仅是技术型违规的问题，而且更多涉及了违反体育精神以及运动员责任的问题，这类问题可以向国际体育仲裁院申请仲裁。

国际体育争议的仲裁分为组织内部仲裁和组织外部仲裁。组织内部仲裁一般通过组织内部设立的纪律委员会、上诉委员会、仲裁委员会等机构进行。组织外部仲裁一般通过国际体育仲裁院和法院等机构进行。国际体育仲裁院是一个完全独立于各类国际竞技体育组织的仲裁机构。2002年国际足球联合会首先接受了国际体育仲裁院的管辖，而后几乎所有的国际单项体育组织都逐步承认了国际体育仲裁院在出现体育争议时的管辖权。在针对国际奥委会、国际单项体育组织、国家奥委会或奥组委做出的一项决定，向国际体育仲裁院提出仲裁前，必须按照有关体育团体的章程或者规章用尽其所有能用的内部救济。基本上，国际体育领域争议的最后仲裁权被认为在国际体育仲裁院手中，国际体育仲裁院的仲裁决定为最终决定，但当事人还是可以基于非常有限的理由，特别是公法上的理由，如缺乏管辖权、违法基本程序规则、违法公共政策等,向瑞士联邦法院寻求司法救济。①

　　国际体育仲裁院组织机构包括主席、理事会、普通仲裁分院和上诉仲裁分院、地区分院、特别分院、办事处。国际体育仲裁院主席与国际体育仲裁理事会主席为同一人,理事会由 20 名著名法律专家组成,主要负责行政和财政上的监管、修订仲裁规则、任命仲裁员。为了保证仲裁的独立性和公正性,理事会成员不担任仲裁员。普通仲裁分院负责解决商业性争议,上诉仲裁分院负责解决国际竞技体育组织决定产生的技术或纪律性争议。两个分院各设主席一名,均由理事会从其成员中选举产生。国际体育仲裁员专门负责仲裁工作。仲裁员由理事会任命,列入仲裁院名册,任期 4 年。理事会每四年复核名册一次,新名册次年 1 月 1 日生效,2014 年该名册上共有 304 名仲裁员。② 担任仲裁员需要达到如下条件:受过完整的法律训练,在体育法或者国际仲裁方面具有公认的职称,充分了解体育,至少精通英语或法语其中一门工作语言。仲裁员的组成分为 1/5 从国际奥委会推荐人士中选任,1/5 从国际单项体育组织推荐人士中选任,1/5 从国家奥委会推荐人士中选任,1/5 为保护运动员利益经适当咨询后选任,1/5 从其他途径选任。③

① 中国法学会体育法学研究会.追寻法治的精神——中国法学会体育法学研究会 2005—2010[M].北京:人民体育出版社,2011:194.
② 国际体育仲裁院官网(仲裁员清单)[DB/OL].http://www.tas - cas.org/en/membres_arbitresTAS.asp/4 - 0 - 1069 - 7 - 1 - 1/,2014 - 1 - 5.
③ 中国法学会体育法学研究会.追寻法治的精神——中国法学会体育法学研究会 2005—2010[M].北京:人民体育出版社,2011:191.

表 4 – 1 国际体育仲裁院理事会成员(共 20 人)①

大陆地区	总人数/名	百分比/%	国家	人数/名	成员
非洲	1	5	埃及	1	Nabil Elarby
美洲	6	30	美国	1	Michael B. Lenard
			波多黎各	1	Juan R. Torruella
			墨西哥	1	M. Ricardo Contreras Hernandez
			巴西	1	Ellen Gracie Northfleet
			加拿大	2	Richard W. Pound Tricia C. M. Smith
亚洲	3	15	叙利亚	1	Abdallah El-Kahni
			新加坡	1	Michael Hwang
			马来西亚	1	HRH Tunku Imran
欧洲	8	40	瑞典	1	Gunnar Werner
			瑞士	4	Corinne Schmidauser Patrick Baumann Jean-Jacques Leu Ivo Eusebio
			斯洛文利亚	1	Ms Tjasa Aadree-Prosenc
			比利时	1	Frans Meulemans
			英国	1	Goran Petersson

---

① 数据整理自国际体育仲裁院官网, 2014 年 1 月 5 日。

续表 4－1

大陆地区	总人数/名	百分比/%	国家	人数/名	成员
大洋洲	2	10	澳大利亚	2	John D. Coates Moya Dodd

虽然国际体育仲裁院的官方文件《体育仲裁规则》要求国际体育仲裁理事会在选任仲裁员时尽可能考虑他们代表各大陆和不同的法律文化，但是目前不论是国际体育仲裁理事会成员还是仲裁员，各大陆地区分配都严重失衡。如表 4－1 所示，理事会成员欧洲和美洲共占 70%，而如表 4－2 所示，仲裁员中欧洲和美洲共占 73.20%。可以看出，由理事会成员选任仲裁员时，仲裁员和理事会成员百分比有种一致性，这说明理事会成员或多或少偏向选任同一大洲的成员。非洲、亚洲和大洋洲在国际体育仲裁院在册仲裁员百分比都不超过 10%，三大洲加起来才近 27%，而美洲占 21.24%，欧洲更是独占总人数一半以上，达到惊人的 51.96%，不难看出，在国际体育仲裁院中话语权主要还是在欧洲和美洲。

表 4－2　各大陆地区国际体育仲裁院仲裁员人数统计表（共 306 名）①

大陆地区	仲裁员人数/名	人数百分比/%
非洲	25	8.17
美洲	65	21.24
亚洲	30	9.80
欧洲	159	51.96
大洋洲	27	8.82

---

① 数据整理自国际体育仲裁院官网，2014 年 1 月 5 日。

4.3　本章小结

　　各种体育赛事是国际竞技体育话语权最突出的表现平台，赛事中的具体事务的管理即组织职能权力是国际竞技体育话语权最突出的表现内容，包括竞赛城市的确定权、竞赛项目的确定权、项目规则的制定与修改权、竞赛结果的判定权、项目规则的解释权、国际体育争议的仲裁权。

第5章　国际竞技体育话语权的衡量标志
——决策地位

美国当代政治社会学家奥罗姆认为只有居于决策地位的人所施加的影响力才是权力，笔者认为国际竞技体育话语权的衡量也是如此，在组织中拥有决策地位即拥有话语权，决策地位是国际竞技体育话语权最直接的衡量标志。由于组织中决策地位受到组织结构和组织决策方式的制约，本章通过对这两个方面的决策地位的分析，探究国际竞技体育话语权的基本情况。

5.1　从国际竞技体育组织结构分析

国际竞技体育组织是正式组织的典型——科层制组织，几乎所有国际竞技体育组织都由全体代表大会、领导机构、行政管理机构和专门委员会构成，如图5-1所示。

5.1.1　全体代表大会

全体代表大会在法律上是国际竞技体育组织的最高权力机构。它被国际竞技体育组织赋予立法权、审议权和表决权，主要职能是定期召开会议、吸收新会员、选举领导机构、修订相关文

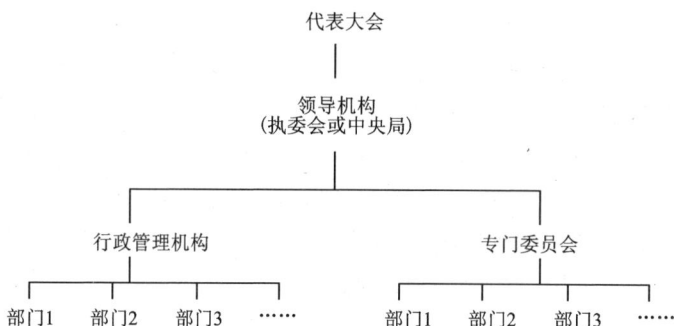

图 5 - 1　国际竞技体育组织科层制机构图

件、审议和表决组织中的决策和文件。国际竞技体育组织中的组织章程修订、领导机构选举等人事决定以及一些组织内的重大决定都必须经过全体代表大会的表决。如国际奥委会第 125 次全体代表大会在阿根廷首都布宜诺斯艾利斯投票选举新一任国际奥委会主席时，除了 6 位候选人和他们所在国家的 12 名国际奥委会委员外，其他的国际奥委会委员都有资格参与投票。当时共有超过 100 名国际奥委会委员参与了主席选举，每名代表都有 1 票，德国 59 岁的律师托马斯·巴赫在第二轮投票过半数的情况下胜出，成为第九任国际奥委会主席，尽管事先他就被认为是最符合奥委会主席三大法则的人选：奥运会冠军出身、奥委会委员的老资格，以及欧洲传统体育强国的优势，尤其是有着罗格的重点提携，但他在投票前依然做了大量国际奥委会委员的工作，甚至为了获得大中华区的 4 张选票还特地参加了郭晶晶和霍启刚的婚礼。由此可见，进入国际竞技体育组织并成为其中一员会在国际竞技体育组织中拥有一定的决策权。

5.1.2　领导机构

领导机构通常指在最高权力机构即全体代表大会休会期间负责履行组织各项职能的代理机构。[1] 国际竞技体育组织中常见的领导机构是执行委员会等类似机构，执行委员会的主要职责是管理会员的资格、财政、人事、解释章程、协调关系以及签约等。它被组织赋予了对组织事务的决策权、执行权和对组织章程和规则等文件的解释权。[2] 领导机构由全体代表大会选举产生或由国际竞技体育组织中的分区组织推荐，一般设有主席、副主席、执委等职务，如国际奥委会全体代表大会以无记名投票方式从委员中选举产生主席、副主席和执行委员。国际足球联合会的主席由全体代表大会选出，而副主席和执委由各洲足球联合会根据各大洲地区组织名额分配选派。国际篮球联合会则稍有不同，它的领导机构是中央局，中央局由主席、副主席（2 名）、秘书长及来自 5 大洲地区组织的代表共 20 名正式委员及 3 名当任成员（副秘书长、司库、小篮球委员会代表和篮球教练员协会代表）组成。虽然中央局也是由全体代表大会选举产生，但比中央局权力更集中的是执行委员会。国际篮球联合会的执行委员会成员从中央局 23 人中选出 7 人进入执委会，中央局每年召开两次会议，执委会在中央局闭会期间行使中央局的职权。领导机构是国际竞技体育组织中拥有最多决策权的机构，进入国际竞技体育组织领导机构的代表比其他普通代表拥有更多、更直接的决策权。

5.1.3　行政管理机构

行政管理机构是国际竞技体育组织常设机构，负责组织的日

---

① 沈宇鹏.国际体育组织结构研究[J].体育文化导刊，2011(8)：16.

② 肖林鹏.现代体育管理[M].北京：北京体育大学出版社，2009：74.

常运行和日常事务处理。与执委会等领导机构相比，行政管理机构更多的是执行领导机构的决策，是具体实施的机构。虽然国际竞技体育组织是非营利组织，其成员也大多是志愿者，但为保证组织的日常运行，行政管理机构会有部分付薪人员，特别是那些管理着很高市场开发和电视转播价值的国际竞技体育组织，管理和经营赛事需要大量经济、法律、管理等类型人才。如国际足联和国际奥委会。国际奥委会的付薪人员是所有国际竞技体育组织中最多的，有来自 30 多个国家的 400 多名工作人员为国际奥委会工作。[1] 国际奥委会的行政管理机构有：主席执行办公室、总干事办公室、国际合作和发展部、财务和行政部、奥运会部、运动部、国家奥委会关系部、技术部、通信部、信息管理部、全球广播和媒体权利部、法律部、医务和科学部、奥林匹克团结基金部、奥林匹克博物馆部、奥运会知识服务部、奥林匹克广播服务部、终身名誉主席秘书处、道德委员会和奥林匹克集邮部等，这些不同的行政管理机构人员在各自职能范围中拥有一定的决策权。

5.1.4　专门委员会

专门委员会由国际竞技体育组织的领导机构根据需要组建，作为专家性和任务性的辅助机构，处理专门性问题和提供专业性咨询意见。在实际运行中，国际竞技体育组织很多专业性问题不得不依赖这些辅助机构来处理。如国际足联下设有 15 个专门委员会，其中与体育竞技活动本身紧密关联的裁判委员会，主要负责确定比赛规则及其修改条文的官方解释、决定比赛规则的实施、建议执委会修改比赛规则、根据国家足协的推荐建立国际比赛合格的裁判名单、尽可能确立世界统一使用的裁判法和规则实施方法、指定国际足联组织的比赛的国际裁判、组织学习班、统

---

[1]　沈宇鹏. 国际体育组织机构研究[J]. 体育文化导刊，2011(8)：16.

一裁判尺度等，且在这些具体事务上都有决策权。

综上，从国际竞技体育组织结构看，无论是进入代表大会、行政管理机构或专门委员会都有一定的决策权，即都有一定国际竞技体育事务管理的权力。但是，不同机构的决策权还是有所区别的，代表大会法律上是最高权力机构，表面上是进行民主选举，实行集体决策，实质上却是以主要领导人的意志为转移的。①代表大会如同公司组织结构下的股民大会，仅是名义上的权力机构。②另外，只要是会员国，就有会员国代表，在大多数国际竞技体育组织采用平权投票制度情况下，各会员国代表无压倒性的决策权，且代表大会召开次数少，在不十分透彻了解议案或是迫于压力等原因影响下，会员国代表的决策易被组织中的领导机构操控。代表大会休会期间，领导机构负责日常工作的管理、监督和决策。行政管理机构和专门委员会都是在领导机构如执委会或中央局的领导下开展工作的，行政管理机构主要执行领导机构的决策，负责日常具体事物的处理；专门委员会由国际竞技体育组织领导机构根据需要组建，作为专家性和任务性的辅助机构，处理专门性问题和提供专业性咨询意见。因此，国际竞技体育组织中影响力最大的决策机构是领导机构，领导机构在国际竞技体育组织中处于决策地位。③

5.2 从国际竞技体育组织决策方式分析

在国际竞技体育组织中，组织或组织下属机构的任何决策，

---

① 魏纪中.我读奥运经济[M].北京：人民体育出版社，2007：235.
② 沈宇鹏.国际体育组织结构研究[J].体育文化导刊，2011（8）：16.
③ 廖莉，李艳翎.不同国家和地区在国际体育组织任职情况比较[J].体育文化导刊，2014（5）：4.

原则上都需要通过议事程序，议事程序一般包括图 5 – 2 所示的几个步骤。

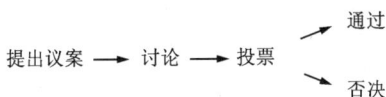

图 5 – 2　国际竞技体育组织议事程序

提出的议案一般为建议和提案、人事选举、申办城市遴选等内容。从图 5 – 2 可以看出，投票是整个议事程序的关键。只有通过议事程序，国际竞技体育组织或者其下属职能机构才能在职权范围内做出决策，使组织的活动得以正常开展。在当今的各国际竞技体育组织中，投票的规则和制度一般都在各自的组织文件中有明确规定，其一般包括三个方面，即投票的表决、投票权的分配和投票的集中。

5.2.1　投票的表决方式

根据某项议案的规则或与会人员的要求，国际竞技体育组织中的表决分为公开表决和秘密表决两种。通过对奥运项目的 35 个国际单项体育组织（如图 5 – 3 所示）进行调查，我们发现国际竞技体育组织中采用公开表决的比采用秘密表决的要少得多。

（1）公开表决。

公开表决是以公开的方式表明自己态度的做法，常见的有举手投票、记名投票等。国际足球联合会章程规定代表大会除选举主席外，其他各项议程、决议都要采用公开举手表决的方式；国际柔道联合会章程规定代表大会表决通常采用公开投票的方式，只有选举和决定重大问题时例外；国际无舵雪橇联合会章程则规定所有投票都是公开投票，除非 1/3 的投票人要求秘密投票；国际自行车联盟则规定对选举采用举手表决的方式，如有一名具有选举权的代表提出要求，还可以唱名表决；国际击剑联合会规定如果选举时，候选人数量不超过需要人数，则可以用鼓掌的通过方式，而不用按正式程序投票。

夏季运动

水上运动
►跳水
►游泳
►花样游泳
►水球
射箭
竞技
羽毛球
篮球
拳击
独木舟
►激流回旋
►短跑
自行车
►小轮车
►公路自行车
►场地自行车
►自行车山地自行车

骑马
►盛装舞步
►三项赛
►跳
击剑
足球
高尔夫球
体操
►艺术体操
►艺术体操
►蹦床
手球
曲棍球
柔道
现代五项
划船
橄榄球

帆船
射击
乒乓球
跆拳道
网球
铁人三项
排球
►沙滩排球
►排球
举重
摔跤
►希腊-罗马
►自由式

冬季运动

冬季两项
有舵雪橇
►有舵雪橇
►有舵雪橇骨架
冰壶
冰球
无舵雪橇
滑冰
►花样滑冰
►短道速滑
►速度滑冰
滑雪
►高山滑雪
►越野滑雪
►自由式滑雪
►北欧两项
►跳台滑雪
►滑雪

图 5 - 3　奥运会夏季和冬季项目总表(共 35 项)①

公开表决虽简单易行，但难以反映表决人的真实意愿。如 1995 年国际奥委会布达佩斯全体代表大会前，萨马兰奇向所有委员咨询是否愿意让他留任，几乎所有委员都表示愿意，但当这个问题在布达佩斯全体代表大会上被提出来进行表决时，却被无记名投票否决了。由此可以看出，大多数人只是没有勇气当面表示不愿意让他继续干下去。被否决的当天晚上，萨马兰奇召集部分委员商讨这件事。在接下来的会议上，这些委员把这个问题再次

---

① 图片来自奥林匹克官网(http://www.olympic.org)，2014 - 1 -10。

提出，不同的是，这一次要求把所有委员的年龄限制都提高到八十岁，并且要求通过举手表决而非无记名投票的方式对这个问题进行表决，这种表决方式给了委员们很大压力，最后萨马兰奇成功留任。①

当然，也有想用公开表决方式改变投票结果，但未如愿的。如中国申请第 11 届亚运会的主办权，这在当时来说并非易事，因为日本广岛是一个极其强劲的对手，他们会前——拜访了亚奥理事会的所有成员，并且给他们赠送了昂贵的礼物，言辞恳切，不达目的誓不罢休，自信、性急的广岛市市长更向市民承诺，在任职期间，定然夺取第 11 届亚运会的举办权，否则辞职。但中国采用了一系列宣传使得中国北京申办亚运会成为人心所向，因此亚奥理事会主席建议打破往昔只定一届亚运会的惯例，决定由北京主办第 11 届亚运会，由广岛主办第 12 届亚运会。但这个提议让日本人想不通，他们不能理解为什么广岛非要排在北京之后，所以当酝酿表决方式时，广岛市市长坚持要用举手表决的方式进行表决。财大气粗的日本人虎视眈眈，他们要睁大眼睛，巡视全场，注视投票的情况，看谁敢投得罪日本人的 1 票。但韩国等国家代表为了避免今后在和日本交往中产生不必要的麻烦，坚持用无记名投票的方式，几经复议，绝大多数的代表都要求用无记名投票的方式进行表决，最终北京获得了第 11 届亚运会主办权。②

---

① 庞德.奥林匹克内幕[M].屠国元，马新强，汪碧辉，译.长沙：湖南文艺出版社，2006：241 - 242.

② 文心.亚运——观摩·竞赛·预测·天气[M].北京：气象出版社，1990：2 - 3.

（2）秘密表决。

秘密表决是以秘密的方式表明自己态度的做法，秘密表决常见的有无记名投票、电子表决系统和向工作人员耳语等，国际竞技体育组织大多数投票都会使用这种表决方式。如国际足球联合会、国际排球联合会、国际击剑联合会以及国际皮划艇联合会就在章程中明确表明表决均采用无记名投票的方式。

有的国际竞技体育组织规定部分表决采用秘密表决。如国际自行车联盟规定对涉及下列事项的可以进行无记名投票：一是接纳、暂停会员资格或驱逐某会员国；二是选举或撤销主席和管理委员会委员；三是任命仲裁委员会成员；四是7名以上有选举权的代表联名提出要求时。国际击剑联合会还对设备进行了要求，它规定表决一般用电子投票，没有电子投票设备时，必须有单独的投票站，让代表一个一个地投票，投票箱必须是封闭式的，而国际摔跤联合会则规定在个人事务和选举中必须采用秘密投票的方式。

国际竞技体育组织在面对各自组织内某些特别重大和利益比较敏感的问题时都会采取秘密表决投票，如奥运会举办地的确定和国际奥委会主席的选举。奥运会主办城市挑选的程序是：首先，候选城市陈述承办理由并回答委员们的提问，之后离开房间，各国际单项体育组织、各国委员会及评估团再提出意见；然后，国际奥委会委员进行匿名投票，但投票只宣布胜利或被淘汰的城市，不宣布得票数。国际奥委会主席的竞选程序与申办城市挑选的程序一样，也是采用电子投票系统，每一轮投票都只宣布结果，不公布每人得票多少，所以更不可能知道谁的票是哪些人投的，国际奥委会的委员们在公共场合甚至禁止透露自己计划投票给谁。国家体育总局原局长袁伟民出版的《袁伟民与体坛风云》中"申奥：深层的故事"一章引起外界广泛关注及议论。在这一章中，袁伟民直言由于一位国际奥委会资深的中国委员"不听招呼，自作主张，自行其是"，支持金云龙而不是罗格，甚至险些给北京申奥造成负面影响。虽然书中袁伟民并没有点名，但由于直言其是《五环之路》的作者，是"中国申奥之父"，因此几乎可以肯定这个人是何振梁。但何振梁不认可书中的说法，他说，投票是秘密进行的，别人如何知道他投票给谁呢？确实是这样，就算间接的人证再多，也无法证明这件事是事实。

另外，对一些章程中没有规定的特殊议程，采用哪种投票方式也需要综合考量。如 2005 年国际奥委会在会议上对 28 个夏季奥运项目进行投票表决，将得票最少的两个项目剔出 2012 年伦敦奥运会。对于这个比较重要的表决国际奥委会当然也采用了无记名投票，但各项目具体得到多少票，连投票的委员和各国际单项体育组织都不知道。当时的国际奥委会主席罗格对此解释：国际奥委会一直强调透明度，但是不透露投票的具体结果是由各国际单项体育组织自己提出来的，他们担心如果得票太低，会不利于他们洽谈电视转播和寻找赞助商。他说："这一要求是他们自己提出来的。因为这是 28 个国际单项体育组织的一致决定，那么我们必须尊重他们的意见。"①

议案表决是否决定采用秘密表决，通常取决于三个因素：一是组织章程里是否对这类表决有进行秘密表决的明确规定；二是表决人是否有普遍的要求；三是是否会给表决人带来不利的影响。从以上这些事例可以看出，由于秘密表决只显示表决结果，不显示每个表决人的态度，其态度有隐蔽性和不可知性，能使表决人真实地表达个人意愿。因此，国际竞技体育组织在有重大利益分歧时都会采用这种方式，而公开表决一般用在利益基本一致时或有一些特殊情况时。

---

① 只有结果没有过程 奥运项目表决为何"神神秘秘"［DB/OL］. http：//sports. sina. com. cn/s/2005－07－08/1623608316s. shtml.

5.2.2 投票权的分配方式

根据各国际竞技体育组织不同的组织结构、历史背景以及组织目标，各国际竞技体育组织在投票权的分配方式上各有选择，总的来说共有三种情况：第一种情况是平权投票；第二种情况是加权投票；第三种情况是非加权的不平等投票权。

（1）平权投票。

平权投票方式是国际竞技体育组织中各成员国或地区各有1票，所有成员不论国家大小、实力强弱均享有平等的投票权，这种投票分配方式在国际竞技体育组织中被广泛采用。以夏季奥运会和冬季奥运会共35个项目负责管理的国际竞技体育组织为例。35个国际单项体育组织中，68.6%（24个）的国际单项体育组织的会员协会采用平权投票的分配方式（如图5－4所示）。由此可以看出，平权投票分配方式是当今国际竞技体育组织投票权分配中最常用的形式，这种投票方式基于主权平等原则，充分体现了民主和成员的平等，有利于扩大组织规模和影响力、体育项目的推广等组织目标的实现，因此被大部分国际竞技体育组织所采用。

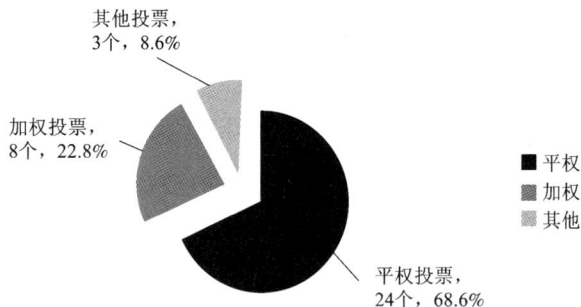

其他投票，
3个，8.6%

加权投票，
8个，22.8%

■ 平权
■ 加权
■ 其他

平权投票，
24个，68.6%

图5－4 夏季和冬季奥运会35个项目的国际竞技体育组织投票权分配

（2）加权投票。

加权投票指国际竞技体育组织中各成员国或地区在各有1票的基础上，另根据附加条件，享有额外不同数量的票数。加权投票最常用在国际金融组织，以对一些问题按基金份额来分配投票权。在股份制公司股东大会上，股东的票数也是与其所持有的股份成正比关系的。到目前为止，在35个夏季和冬季奥运项目管理的国际单项体育组织中，有8个国际体育单项组织采用的是加权投票方式，如表5-1所示。

表5-1 夏季和冬季奥运项目的国际单项体育组织中
采用加权投票方式的项目①

序号	项目	管理组织	成员国数/个	加权投票分配的具体方式
1	羽毛球	羽毛球世界联合会	179	会员拥有1到5票表决权。其中每个正式会员都拥有1票，以下4个标准中，每达到1个条件加1票：一是每个4年评估周期内有超过10000名注册运动员。二是参与下面12次赛事中7次以上的，包括苏迪曼杯（2次）、洲际锦标赛（2次）、世界锦标赛（3次）、奥运会（1次）、世界青年锦标赛（4次）。三是在最近一届奥运会5个小项中有运动员排名世界前40位以内的。四是在最近4年评估周期中承办过超级系列赛、大奖赛或国际挑战赛中任意一项的

① 截至2014年2月6日，整理自各国际体育组织网站。

续表 5-1

序号	项目	管理组织	成员国数/个	加权投票分配的具体方式
2	赛艇	国际赛艇联合会	147	每个会员协会有 1 票,如果成为会员已有 3 年且至少有 12 名运动员在前 4 年中参加过 5 个赛事(世界赛艇锦标赛、世界赛艇青年锦标赛、世界赛艇 23 岁以下锦标赛、奥运会或残奥会资格赛、地区帆船赛)的,可以拥有 3 票投票权,这个在投票前由理事会通知
3	冰球	国际冰球联合会	72	正式会员有 1 票表决权。正式会员连续 2 年没有参加冰球的有关竞赛,则失去投票权直到其重新积极参加。正式会员协会的运动队连续 3 次参加联合会组织的世界冠军(高级别男子和女子)赛并达到最低成绩标准,可额外多 1 票。参加联合会组织的资格赛或地区比赛不算在其中
4	冰壶	世界冰壶联合会	53	协会会员投票数与注册运动员规模有关,501 人以下 2 票,501～3000 人 4 票,3001～10000 人 6 票,超过 10000 人 8 票
5	滑冰	国际滑冰联盟	32	有速滑和花滑 2 个小项的有 2 票表决权,否则只有 1 票
6	雪车	国际雪车联合会	65	每个协会 1 票,在前 12 个月负责任地组织了 1 次联合会雪上竞赛的多 1 票,会员最大投票数为 2 票

续表 5 –1

序号	项目	管理组织	成员国数/个	加权投票分配的具体方式
7	滑雪	国际滑雪联合会	118	每个正式会员都有 1 票表决权。但注册运动员人数达到 10000 名，并且符合下列条件者可有 2 票表决权：参与最近一次世界滑雪锦标赛，在两年内组织了一次联合会的盛会。满足上述两个条件且注册运动员人数超过 50000 名的则拥有 3 票表决权。会员协会注册运动员少于 500 人且俱乐部少于 3 个的，为联系会员，没有表决权。正式会员投票数由秘书长在会议开始前 1 个月通知
8	网球	国际网球联合会	210	协会会员拥有的表决票数不同，分为 1、3、5、7、9 和 12 票 6 个等级，握有最多表决票数 12 票的有澳大利亚、英国、法国、美国、德国等 5 国

　　由上可以看出，国际竞技体育组织中采用加权表决分配主要依据下面几个方面：

　　第一，根据对组织的贡献。如积极承办国际竞技体育组织的国际大赛，羽毛球世界联合会、国际雪车联合会、国际滑雪联合会加权均有此要求。赛事是国际竞技体育组织的核心，高质量赛事的举办对提高项目影响力和吸引力具有重要意义，但承办国际赛事需要承办国投入大量的人力、财力和物力，且不是所有国际体育赛事都能使承办国实现其所期待的综合效益的，承办则意味着风险，特别是承办缺少群众基础的国家要担很大的风险。因此，组织赛事是对国际竞技体育组织最大的贡献。

第二，根据项目发展水平。羽毛球世界联合会和国际冰球联合会对项目水平画了一条线。羽毛球世界联合会加权的其中一项要求是在最近一届奥运会5个小项中有运动员排名世界前40位以内；国际冰球联合会加权要求正式会员协会的运动队连续3次参加联合会组织的世界冠军（高级别男子和女子）赛并达到最低成绩标准。国际网球联合会也是按项目发展水平来加权，但与它们有所不同的是，国际网球联合会对项目水平划分了6个等级，6个等级分别拥有1票、3票、5票、7票、9票、12票，握有最多投票数12票的国家有5个，中国与其他13个国家的投票数为9票，排在第二梯队，如表5-2所示。

表5-2　国际网球联合会投票数最多的两个等级的国家情况①

投票数/票	国家数/个	国家名称
12	5	澳大利亚、英国、法国、美国、德国
9	14	阿根廷、日本、巴西、荷兰、加拿大、俄罗斯、中国、南非、捷克、西班牙、印度、瑞典、意大利、瑞士

第三，根据项目发展规模。项目发展规模一般指在项目注册的运动员数量。羽毛球世界联合会加权要求之一是每4年评估周期内有超过10000名注册运动员；世界冰壶联合会加权的规定是501人以下2票，501～3000人4票，3001～10000人6票，超过10000人8票；国际滑雪联合会规定正式会员1票，正式会员必须达到注册运动员大于500人且俱乐部大于3个的要求，注册运

① 国际网球联合会官网附录A［DB/OL］. http：//www. itftennis. com/media/163887/163887. pdf.

动员人数达到 10000 名且符合相应条件(参与最近一次世界滑雪锦标赛、在两年内组织了一次联合会的盛会)者可有 2 票,满足上述两个条件且注册运动员人数超过 50000 名的拥有 3 票。

第四,根据参与的积极性。为了推动项目的发展,越多国家参加的体育赛事,其知名度和影响力也越大。为了充分充调动各成员国参与的积极性,有 4 个国际单项体育组织把积极参与组织内的体育赛事作为了加权条件,包括世界羽毛球联合会、国际赛艇联合会、国际冰球联合会、国际滑雪联合会。其中国际冰球联合会还带有惩罚性的规定,如正式会员 2 年没有参加冰球的有关竞赛,则失去投票权,直到重新积极参加。

(3)非加权的不平等投票权。

如前所述,加权投票方式是会员国家拥有不平等的投票权,在这一点上,非加权的不平等投票权方式也是一样的。但不同的是,加权投票是会员国都至少有一票,而非加权的不平等投票权方式却是有些会员国家一票也没有。非加权的不平等投票权方式有历史因素,也有责任大小的因素,还有项目发展不平衡的因素,以及其他一些利害关系在内,但不管怎么说,这种投票分配方式也是当今国际竞技体育组织中比较典型的一种。如国际橄榄球理事会共有 117 个会员(100 个正式会员,17 个准会员),但执委会席位分配中,8 个创始会员苏格兰、爱尔兰、威尔士、英格兰、澳大利亚、新西兰、南非和法国各 2 票,阿根廷、加拿大、意大利、日本各 1 票,非洲、亚洲、北美、欧洲、南美 6 个区域协会各 1 票。也就是说,英国一个国家就有 8 票,比所有区域协会之和还多 2 票,这么一来至少 90 多个会员国家在国际橄榄球理事会执委会中是没有投票权的。①

---

① 国际橄榄球理事会官网[DB/OL]. http://www.irb.com/aboutirb/organisation/index.html.

　　还有一些国际竞技体育组织的会员国家只有参赛权，如国际高尔夫联合会，其会员国有 116 个，它委托执委会进行管理，而执委会成员的任命则按以下方式（共 11 名）：皇家古老高尔夫俱乐部 1 名、美国高尔夫俱乐部 1 名、国际高尔夫联合会管理委员会 2 名；另 PGA 锦标赛、高尔夫欧巡赛、LPGA 巡回赛、美国 PGA 锦标赛、国际高尔夫联合会专门委员会各 1 名；国际高尔夫联合会主席和副主席各 1 名。这样一来，最多只有 5 名执委会成员来自会员国，其他执委会成员基本都来自俱乐部和国际高尔夫赛事的管理机构，则至少有 111 个会员国没有投票权。

　　另一种非加权不平等投票方式是根据各地区分配投票权，分配的投票权远远少于各地区的会员国数量。如国际自行车联盟有 170 个会员国，在五大地区共有 42 个投票权，其具体分配如下：非洲 7 票，美洲 9 票，亚洲 9 票，欧洲 14 票，大洋洲 3 票。可见，75.3% 的会员国是没有投票权的，而且欧洲的票数明显高于其他地区。另外，国际自行车联盟的领导机构管理委员会也明确规定由 15 人组成，包括 5 个洲级协会的主席，另外 10 名由代表大会选出，选出的委员至少要有 7 名出自欧洲国家的会员国协会，①这表明欧洲地区在国际自行车联盟中具有强势地位。

　　除了国际单项体育组织外，国际奥委会也属于这种投票分配方式。截至 2014 年 2 月 6 日，国际奥委会共有 204 个会员国，而有投票权的代表只有 110 人，其中有些代表还来自同一个会员国，如表 6 - 3 所示，国际奥委会中一半以上的会员国没有投票权，而独享国际足球规则修改的国际足球理事会则更是如此，其共有成员 8 人，英国一个国家就有 4 人，其他 209 个成员只能去竞争剩下的 4 个名额，不能不说英国在国际足球规则修改上面是一家独大。

---

　　① 国际自行车联盟官网［DB/OL］. http：//www. uci. ch/templates/UCI/UCI3/layout. asp？MenuId = MTY4MzM&LangId = 1.

表 5 - 3　部分国际竞技体育组织成立时的会员情况①②

组织名称	成立时间/年	初始人数/名	目前人数/名	国家名称
国际游泳联合会	1908	8	181	比利时、丹麦、芬兰、法国、德国、英国、匈牙利、瑞典
国际射箭联合会	1931	8	142	捷克、法国、匈牙利、意大利、波兰、瑞典、美国、英国
世界羽毛球联合会	1934	9	179	加拿大、丹麦、英格兰、法国、爱尔兰、荷兰、新西兰、苏格兰、威尔士
国际篮球联合会	1932	8	213	阿根廷、希腊、意大利、葡萄牙、罗马尼亚、瑞士、捷克斯洛伐克、拉脱维亚
国际皮划艇联合会	1924	4	147	奥地利、丹麦、德国、瑞士
国际自行车联盟	1892	5	170	法国、意大利、瑞士、美国、比利时
国际马术联合会	1921	8	132	比利时、丹麦、意大利、挪威、美国、法国、瑞典、日本
国际足球联合会	1904	8	209	比利时、法国、丹麦、西班牙、瑞典、荷兰、瑞士、英国
国际手球联合会	1946	8	147	丹麦、荷兰、挪威、波兰、芬兰、法国、瑞士、瑞典
国际曲棍球联合会	1924	6	118	奥地利、比利时、西班牙、法国、捷克斯洛伐克、瑞士
国际赛艇联合会	1892	4	137	比利时、意大利、法国、瑞士

---

① 盛文林.最经典的体育常识[M].北京:台海出版社,2011:241-247.
② 张生会.体育组织(一)[M].呼和浩特:内蒙古人民出版社,2006:1-74.

续表 5 - 3

组织名称	成立时间/年	初始人数/名	目前人数/名	国家名称
国际排球联合会	1947	8	218	法国、比利时、巴西、意大利、黎巴嫩、波兰、土耳其、捷克斯洛伐克
国际体操联合会	1881	3	135	比利时、荷兰、法国

总之，平权投票尊重主权、强调平等、鼓励会员的加入、强调项目的国际推广，因而被现今大多数国际竞技体育组织所采用，但缺点是不容易调动会员的积极性。加权投票在尊重主权一人一票的基础上，还看对组织的贡献、项目发展水平、项目发展规模、项目参与的积极性等因素对组织的影响，因此也有一部分国际竞技体育组织制定了不同的加权标准和条件，这些因素能使会员有更多表决权，即话语权。采用非加权不平等投票的组织更注重投票的效率性，如国际奥委会，也有的是因为历史原因不愿分享对项目掌控的权力，如国际橄榄球理事会和国际足球理事会，仅英国一国在其中就占有半壁江山。这种方式的缺点显而易见，如无法倾听所有会员的利益诉求，组织决策中体现着垄断和霸权，但受历史因素影响，它还会长期存在。

5.2.3 投票的集中方式

投票权分配后，要以何种标准确定组织议案的产生，是全体一致通过、多数通过，还是协商一致，这就是所谓的表决权的集中方式。

（1）全体一致通过方式。

全体一致通过方式是一种要求会议议案只有得到全体投票表决者一致同意，才能通过的方式。这种方式建立在传统国际法中的主权原则基础之上，被认为是国际表决制度的历史起点。在 19 世纪和 20 世纪初的会议外交中，一致同意表决制是广泛使用的表决原则，也是当时国际表决制的常规。[①] 国际竞技体育组织的创立基本上也是在这一时期。另外，国际竞技体育组织成立初期会员都很少（如表 5 - 3 所示），因此国际竞技体育组织初期基本都采用全体一致通过方式。全体一致通过方式虽然从国际法的角度看是有必要的，它遵守会员平等原则，强调保护每个会员的利益，但是在实践中，特别是会员数量庞大时，要让一个提案兼顾所有会员，使所有会员满意是难以达到的。因为全体一致通过方式的采用就等于使每一个会员都拥有一票"否决权"，这样会使会员数量多的国际竞技体育组织的议程表决几乎不能通过和执行，组织也难以运作。所以随着会员数量的增多，组织表决的通过只能采用多数通过方式。如国际泳联在 1908 年成立时只有 8 个会员国，所有工作报告仅需得到 8 个会员国通过即可生效，但到了1921 年其会员国数量增长到 38 个，采用全体一致通过方式已经难以适应实际需要。[②]

如今，虽然国际竞技体育组织会员代表大会上的决议难以使用全体一致通过方式，但国际竞技体育组织内部的各种委员会，由于人数较少，还是可以采用全体一致通过方式的。

（2）多数通过方式。

多数通过方式体现的是一种少数服从多数的投票通过方式，当今国际竞技体育组织基本都采用这种投票通过方式。多数通过

---

① 张贵洪. 国际组织与国际关系［M］. 杭州：浙江大学出版社，2006：83.

② 沈宇鹏. 论国际体育组织的表决制度［J］. 体育文化导刊，2010：11.

方式又分为简单多数和特定多数两种。

简单多数是指赞成票超过出席投票数的一半以上就可以获得通过，而特定多数是要求赞成票数达到投票数特定的一个多数，常见的特定多数是 2/3、3/4 和 4/5。各国际竞技体育组织一般会根据需要表决提案的重要性采用合适的通过方式，对组织越重要的提案需要的赞成比例要求就越高。如国际无舵雪橇联合会章程规定一般提案赞成票需要达到 1/2，驱逐会员赞成票需要达到 2/3，解散联合会赞成票需要达到 4/5。国际排球联合会规定投票通过分为简单多数、2/3 多数和 3/4 多数三种方式。其中，使用 2/3 多数方式的有四种情况：一种是召开日程上没有的议程讨论，二是修订国际排联法，三是限制或禁止特殊议题的讨论，四是剔除会员；使用 3/4 多数方式的是解散国际排联；简单多数的方式是除了 2/3 多数方式和 3/4 多数方式外的其他提案。

多数通过方式一般还会规定投票的有效性。国际排联规定剔除会员有效投票数需要达到会员总数的 1/3，解散国际排联有效投票数需要达到会员总数的 4/5。国际射箭联合会规定有效的投票数需要至少超过 1/4 会员参加，国际击剑联合会规定超过会员总数 1/2 的是有效会议。如果没有达到有效会议标准，部分国际竞技体育组织还有补充规定。如国际游泳联合会规定超过会员总数 1/2 为有效法定人数，如果会议开始时间到了仍没有达到法定人数，将延迟 1 个小时，1 个小时后会员至少达到 50 个才能召开会议。

还有提案遇到平局的情况，很多国际竞技体育组织规定在此情况下，主席或会议主席拥有决定性的一票，如国际乒乓球联合会、国际自行车联盟、国际射箭联合会、国际击剑联合会、国际柔道联合会、国际摔跤联合会、世界跆拳道联合会等。有的国际竞技体育组织视平局情况为否决议案，如国际雪车联合会。

多数通过方式既遵从了大多数会员的意志，又有利于提案的通过，可以说是国际组织表决制的一大进步。它可以防止个别会员为了一己私利而否决符合多数会员利益的提案的情况出现。对于国际竞技体育组织来说，多数通过方式有利于实现组织职能和组织目的，具有现实合理性和可行性，但如此一来，会员国之间就会出现为拉票而形成帮派的情况，造成组织内部分裂，以至于影响组织形象和效率等。

（3）协商一致方式。

对一个议案有不同意见是很正常的，协商一致就是通过协商这种非投票方式取得意见的一致，达成共识。这种方式常用于国际竞技体育组织中各委员会内正式或非正式议案或问题的讨论。采用协商的方式一般是以会议主席或会议负责官员为中心，首先向与会者提出讨论事宜，然后征求各方意见，通过讨论。这个过程可能有争吵，也可能有妥协，一般会在允许有保留意见的同时，形成一个基本的共识。然后，由会议主席汇总意见，形成一个一致意见的声明，如此一个决议就形成了。如国际竞技体育组织中，虽然代表大会是最高权力机构，但是休会期间，组织的日常管理和运行中皆有很多问题需要及时研究和解决，因此负责日常管理的部门会及时讨论，达成一致意见，行文发布或以会议纪要的方式发到各代表处进行确认。

综上，从国际竞技体育组织决策方式来看，在采用加权投票的国际竞技体育组织当中，符合这些组织加权标准和条件的会员国和地区将拥有更多票数，这也意味着其将拥有更高的决策地位。加权投票需要考虑对组织的贡献、项目发展水平、项目发展规模、项目参与的积极性等因素。在采用非加权不平等投票的国际竞技体育组织当中，受历史因素影响，个别国家霸道地占有垄断性的决策地位。在采用平权投票的国际竞技体育组织中，会员一人一票，决策地位没有差别，在这种情况下，支持话语的会员数量决定了话语权大小。若话语要得到其他会员支持，则必须考虑集体认同、他人利益、普世文化和价值观等因素。秘密表决只显示表决结果，不显示表决人的态度，更易表达投票人的真实意愿，更需考虑影响话语认同的各因素。公开表决受到领导机构强势影响，成员常违背自己意愿投票，领导机构较一般成员决策地位明显要高些。多数通过方式需要注意满足大多数成员的利益，协商一致多用于领导机构人数不多的日常讨论，因此在领导机构中任职将拥有更多的话语权。

5.3　本章小结

在组织中拥有决策地位即拥有话语权，决策地位是国际竞技体育话语权最直接的衡量标志，组织中的决策地位受组织结构和组织决策方式的制约。

从国际竞技体育组织结构来看，无论是进入代表大会还是行政管理机构或专门委员会都会具有一定的决策地位，即都会具有一定的国际竞技体育事务管理的权力。但是，比较不同机构的决策地位可以发现，它们还是有所区别的：代表大会法律上是最高权力机构，表面上是进行民主选举，实行集体决策，实质上却是以主要领导人的意志为转移的。代表大会如同公司组织结构下的股民大会，仅是名义上的权力机构。另外，只要是会员国，就有会员国代表，在大多数国际竞技体育组织采用平权投票制度的情况下，各会员国代表无压倒性的决策权，且代表大会召开次数少，在不十分透彻了解议案或是迫于压力等因素影响下，会员国代表的决策易被组织中的领导机构所操控。代表大会休会期间，领导机构负责日常工作的管理、监督和决策。行政管理机构和专门委员会都是在领导机构如执委会或中央局的领导下开展工作的机构，行政管理机构主要执行领导机构的决策，负责日常具体事物的处理，专门委员会由国际竞技体育组织领导机构根据需要组建，作为专家性和任务性的辅助机构，处理专门性问题和提供专业性咨询意见。因此，国际竞技体育组织中影响力最大的决策机构是领导机构，领导机构在国际竞技体育组织中处于决策地位。

从国际竞技体育组织的决策方式来看，在采用加权投票的国际竞技体育组织当中，符合这些组织加权标准和条件的会员国和地区将拥有更多票数，这也意味着其将拥有更高的决策地位。加权需要考虑对组织的贡献、项目发展水平、项目发展规模、项目参与的积极性等因素。采用非加权不平等投票的国际竞技体育组织当中，受历史因素影响，个别国家霸道地占有垄断性的决策地位。采用平权投票的国际竞技体育组织中，会员一人一票，决策地位没有差别，在这种情况下，支持话语的会员数量决定了话语权大小。若话语要得到其他会员支持，则必须考虑集体认同、他人利益、普世文化和价值观等因素。秘密表决只显示表决结果，不显示表决人的态度，更易表达出投票人的真实意愿，更需考虑影响话语认同的各因素。公开表决受到领导机构强势影响，投票人常违背自己意愿投票，领导机构较一般成员决策地位明显要高些。多数通过方式需要注意满足大多数成员的利益，协商一致多用于领导机构人数不多的日常讨论，因此在领导机构中任职将拥有更多的话语权。

第6章 国际竞技体育话语权的现状

国际竞技体育组织中的个人合作是为了追求共同的组织目标利益,在这种相互依赖的环境下,个人也有着各自的利益。其中国家利益就是个人不得不注重的利益,个人在维护组织利益的同时,会使组织行为朝着有利于实现自己国家利益的方向而努力。由于国际竞技体育组织决策地位最高的决策机构是领导机构,各国和地区在国际竞技体育组织领导机构的任职情况基本能代表其在组织中的实质话语权。

6.1 国际竞技体育话语权的国家属性

国际竞技体育组织的组织形式一般有两种:一是会员国代表制;二是逆向代表制。这两种组织形式都带有国家属性。

6.1.1 会员国代表制

绝大部分国际单项体育组织都采用会员国代表制,即参加代表大会的委员由各会员国直接推荐任命,会员国代表制下的委员,都享有参议和部分事务的表决权。由于是国家推荐委派,委员毫无疑问是各国的代表。这样的代表制使得所有的成员国在组织内都有代表,成员国的权益要求也能得到很好地表达,不仅有利于发展更多的成员国扩大体育组织的影响力,还可以最大限度地提高体育规则的国际认可度和执行力。只有加入国际竞技体育组织,国家才能得到某些利益,如树立国家威望、对比意识形态、增强民族自尊、发展外交关系等。因此,国家一般都会积极加入各种国际竞技体育组织。目前,世界上共有 224 个国家和地区,而国际柔道联合会、国际排球联合会、国际乒乓球联合会、国际篮球联合会、国际田径联合会、国际网球联合会、世界拳击联盟、国际足球联合会等国际竞技体育组织会员国均超过了 200 个(见表 6 - 1)。

在国际单项体育组织内,会员国代表制也有其局限性,由于所有代表均是国家委派和推荐的,这些代表往往不得不听命于政府,他们的一些决定也只是维护和争取本国合理利益,某些时候往往不能从体育竞技项目发展要求本身出发,而是只考虑国家和地区在运动或组织中的不当利益,如国家间的选票交易。大部分国际竞技体育组织是基于主权平等的投票规则赋予不同实力国家平等的投票权,这样可使一些贫穷落后的小国也拥有等值的投票权,而一些非平等投票权的国际竞技体育组织中这些国家也有个别代表。有资料表明,选票交易经常发生在发达国家和较为贫穷的发展中国家之间,后者有强烈的意愿出卖选票,对于发达国家来说微不足道的利益对贫穷落后的国家来说却是十非诱人。以申办国际体育赛事为例,贫穷小国对此并不关心,因为这些国家没有能力申办,而哪个国家申办成功对它们也没什么影响,所以有强烈意愿出卖选票。而作为推荐到国际竞技体育组织中的国家代表,也就可能接受国家指示,进行选票交易。

6.1.2　逆向代表制

国际奥委会是唯一采用逆向代表制的国际竞技体育组织。国际奥委会从各国或各地区自行选派委员，这些委员是国际奥委会在这些国家和地区的代表，不受来自政府、组织和其他合法实体及自然人的任何可能束缚或干扰，各国家和地区政府无权撤销其职务。这种独特的组织制度是国际奥委会与其他国际竞技体育组织代表制的根本区别，通过这个遴选制度，国际奥委会最大限度地保证了其独立性。

由于政府对本国奥委会委员失去推荐权、任命权，在理论上与本国的国际奥委会委员没有所属关系，很大程度地减少了国家对本国国际奥委会委员的控制，导致本国国际奥委会委员在行使国际奥委会职能时，并不总是听从政府安排。如《袁伟民与体坛风云》中的"申奥：深层的故事"一章便引起了外界广泛关注及议论。在这一章中，袁伟民直言：由于一位国际奥委会资深的中国委员在奥委会主席竞选中"不听招呼、自作主张、自行其是"，支持金云龙而不是罗格，险些给北京申奥造成障碍。

逆向代表制这种组织形式中的代表确实是组织的代表，但代表们也不会因为是组织的代表而与国家完全剥离关系，这些代表在为国际奥委会争取利益的同时，也会在与组织利益不相冲突的情况下，争取最大的本国利益。如原国际奥委会副主席加拿大人庞德在其撰写的《奥林匹克内幕》一书的"裁决"一章中介绍了裁判勾结串通、共谋作弊、不公平裁决。他举了两个案例，在这两个案例中由于他据理力争，最后被冤的加拿大运动员各自追加了一枚金牌。从这两个事例可以看出，虽然他是代表国际奥委会从公平公正的角度去处理这两起事件，但同时他也是国家利益的代表，会自觉或不自觉地关注自己国家的利益，否则就很难解释为何他纠正的不公事件都和他的国家有关，奥运会存在那么多黑哨和不公平事件，为什么他举的例子中，处理的偏偏都是与他自己国家相关的事件。

奥运非政治化是国际奥委会的一贯主张，更是世界各国的一致共识,"去政治化""去国家化"一直不绝于耳,没有停息过,这说明实际上奥运与政治从来都没分开过,正因为如此,才一直呼吁去政治化。国际奥委会与政治完全脱离还只是理想状态,一些国际奥委会委员也承认自己同时也是国家代表,需要听从国家安排。如冷战时期莫斯科奥运会抵制事件,国际奥委会强烈支持继续在莫斯科举办奥运会,而加拿大奥委会迫于政府压力决定不参加,庞德作为国际奥委会副主席参加了奥运会前的国际奥委会会议,但又不得不在奥运会开始前离开莫斯科,他还公开表示他除了是国际奥委会的代表,还是国家的代表。

还有很多事件也能证明国际奥委会代表同时是其国家代表,如奥运申办城市投票,委员需要回避自己国家,这说明国际奥委会也不完全相信委员仅是组织的代表。还有申办国为了举办奥运会,不但拜访国际奥委会委员,还拜访委员所属国家的政府首脑,这说明虽然实行逆向代表制,但国际奥委会委员依然受国家决策的影响。又如在委员遴选时就有考虑国籍,规定每个国家或地区当选的委员原则上不能超过 1 人。毫无疑问,国际奥委会委员首先是国际奥委会在国家和地区的代表,代表并捍卫组织的利益,但他们也是各个国家的代表,在捍卫组织利益时,也会自主或不自主地关注本国的利益。

6.2 各国或地区人员在国际竞技体育组织领导机构的任职情况

国际竞技体育组织中常见的领导机构有执委会、中央局、理事会、董事会。本书以国际竞技体育组织中最具有影响力的 35 个奥运会项目的国际单项体育组织和国际奥委会为代表,从这 36 个国际竞技体育组织官方网站收集相关数据(所有数据截止日期为2014年2月6日），对各国在这些国际竞技体育组织领导机构的任职情况进行统计和比较。国际单项体育组织主要从组织领导机构的参与率（说明一般领导权力覆盖的组织范围）、参与领导机构人数最多的组织数（说明绝对领导权力覆盖的组织范围）、担任主席的组织数（说明最高领导权力的覆盖范围）三个方面进行比较。国际奥委会中，不是所有会员国都有国际奥委会委员，相对国际单项体育组织，成为国际奥委会委员已经是获得了不平等的特殊权力，所以分析国际奥委会领导机构任职情况时笔者将比较国际奥委会全体代表和执委会两个方面的情况。

6.2.1 国际单项体育组织领导机构的参与率

国际单项体育组织领导机构的参与率即任一国家在所有统计的国际单项组织领导机构中参与的比例。如在35个国际单项体育组织领导机构中，美国在29个组织领导机构有任职，则其参与率为82.86%。参与率表明了国家的一般领导权力覆盖的组织范围。从表6-1参与率超过20%的国家情况表中可以看出，美国和英国分别排第1位和第2位，在35个国际竞技体育组织领导机构中，它们参与了其中的29个和28个，参与率高达82.86%和80.00%。而俄罗斯和澳大利亚（68.57%）并列第3位，法国和意大利（65.71%）并列第4位，加拿大（57.14%）排第5位，西班牙（54.29%）排第6位，中国（51.43%）排第7位。瑞士（48.57%）排第8位，日本（45.71%）排第9位，韩国（42.86%）排第10位，埃及和德国（37.14%）并列第11位。

可见，在国际竞技体育组织领导机构中参与率高的国家主要是区域性大国和竞技体育强国。前10位的国家除瑞士外，其他均为区域性大国，美国还是世界性大国。另外，这些参与率高的国家大多又是竞技体育强国。2012年伦敦奥运会金牌榜前11名分别是美国、中国、英国、俄罗斯、韩国、德国、法国、意大利、匈牙利、澳大利亚、日本，这 11 个国家中有 10 个国家参与率都排在前 10 位。

从地区分布看，在国际竞技体育组织领导机构中参与率最高的 28 个国家中，欧洲国家的参与率最高，有 13 个，占46.43%；其次是亚洲国家，按参与率依次是中国、日本、韩国、卡塔尔、土耳其、印度这 6 个国家；美洲国家有 5 个，包括美国、加拿大、阿根廷、巴西、墨西哥；非洲和大洋洲国家各有 2 个，非洲是埃及和南非，大洋洲是澳大利亚和新西兰。

表 6-1　参与 35 个国际竞技体育组织领导机构超过 20% 的国家

国家	参与率/%	参与数/名	排名/位	国家	参与率/%	参与数/名	排名/位
美国	82.86	29	1	新西兰	34.29	12	12
英国	80.00	28	2	阿根廷	31.43	11	13
俄罗斯	68.57	24	3	巴西	31.43	11	13
澳大利亚	68.57	24	3	瑞典	28.57	10	14
法国	65.71	23	4	卡塔尔	25.71	9	15
意大利	65.71	23	4	墨西哥	22.86	8	16
加拿大	57.14	20	5	匈牙利	22.86	8	16
西班牙	54.29	19	6	土耳其	22.86	8	16
中国	51.43	18	7	挪威	20.00	7	17
瑞士	48.57	17	8	印度	20.00	7	17
日本	45.71	16	9	波兰	20.00	7	17
韩国	42.86	15	10	南非	20.00	7	17
埃及	37.14	13	11	荷兰	20.00	7	17
德国	37.14	13	11	捷克	20.00	7	17

6.2.2 占国际竞技体育组织领导机构人数最多次数

领导机构成员一般是各会员国代表通过代表大会选举产生的，是会员国就必定有会员国代表，但会员国代表未必能成为领导机构成员。如表6-2所示，35个国际单项体育组织领导机构中，进入领导机构的国家比例为4%～34%，绝大部分不会超过1/5。比例越小说明领导机构权力越集中，而进入领导机构的难度也越大。

表6-2　35个国际单项体育组织领导机构中国家情况表

国际竞技体育组织名称	国家数/个	会员数/名	国家比/%	人数最多国家	人数最多地区	地区人数比/%
国际乒乓球联合会	9	215	4	9个国家	欧洲、亚洲	33
国际网球联合会	12	210	6	美国、英国	欧洲	50
国际高尔夫联合会	8	116	7	美国	美洲	45
国际橄榄球理事会	8	117	7	英国、澳大利亚	欧洲	40
国际柔道联合会	18	220	8	俄罗斯、西班牙	欧洲	50
国际射箭联合会	13	142	8	13个国家	欧洲	54
国际自行车联盟	15	170	9	15个国家	欧洲	53
国际篮球联合会	19	213	9	阿根廷、澳大利亚、美国	欧洲	36
国际曲棍球联合会	12	118	10	英国、荷兰、阿根廷、马来西亚	欧洲	38
国际赛艇联合会	14	142	10	英国、瑞士、中国	欧洲	52
国际举重联合会	19	189	10	英国	欧洲	33

续表 6 - 2

国际竞技体育 组织名称	国家 数 /个	会员 数 /名	国家 比 /%	人数最多国家	人数最 多地区	地区 人数比 /%
国际雪车联合会	7	65	11	新西兰	欧洲	50
国际手球联合会	16	147	11	法国、科威特	欧洲	44
世界拳击联盟	24	209	11	美国、 乌兹别克斯坦	亚洲	31
国际游泳联合会	22	181	12	22 个国家	美洲	32
国际足球联合会	25	209	12	英国	欧洲	36
世界冰壶联合会	7	53	13	英国	欧洲	50
国际现代五项联盟	16	122	13	英国、俄罗斯、埃 及、韩国、墨西哥	欧洲	48
羽毛球世界联合会	23	180	13	英国、瑞士、中国	欧洲	35
国际田径联合会	27	212	13	27 个国家	欧洲	37
国际马术联合会	18	132	14	英国	欧洲	37
国际摔跤联合会	20	142	14	俄罗斯	欧洲	42
世界跆拳道联合会	25	182	14	韩国	亚洲	40
国际排球联合会	31	218	14	意大利	欧洲、美洲	30
国际冬季两项联盟	9	61	15	9 个国家	欧洲	78
国际铁人三项联盟	13	87	15	埃及、墨西哥、 新西兰	欧洲	31
国际滑雪联合会	18	118	15	18 个国家	欧洲	78
国际皮划艇联合会	22	147	15	加拿大	欧洲	50
国际射击运动联合会	24	154	16	美国	欧洲	41

续表 6-2

国际竞技体育组织名称	国家数/个	会员数/名	国家比/%	人数最多国家	人数最多地区	地区人数比/%
国际冰球联合会	13	72	18	13 个国家	欧洲	77
国际击剑联合会	21	108	19	俄罗斯	欧洲	45
国际帆船联合会	28	138	20	英国	欧洲	43
国际雪橇联合会	10	48	21	澳大利亚	欧洲	53
国际体操联合会	34	135	25	法国	欧洲	47
国际滑冰联盟	11	32	34	11 个国家	欧洲	64

　　各国参与领导机构人数最多的组织数代表国家的绝对领导权力覆盖的组织范围。对 35 个国际单项体育组织领导机构人数最多国家进行次数统计发现，英国在 35 个国际单项体育组织领导机构中有 17 次，人数最多，远远超过其他国家，排第 1 位；美国和俄罗斯各 12 次，排第 2 位；法国、加拿大、中国各 8 次，排第 3 位；意大利、澳大利亚各 7 次，排第 4 位；瑞士和韩国各 6 次，排第 5 位；西班牙和日本各 5 次，排第 6 位。

　　从 35 个国际单项体育组织领导机构人数的分布地区来看，很明显，欧洲地区在其中的 29 个组织的领导机构人数都是最多的，另外与亚洲并列国际乒乓球联合会领导机构的人数最多，与美洲并列国际排球联合会领导机构的人数最多。而其余的 4 个组织中，美洲在国际高尔夫联合会、国际游泳联合会 2 个组织中的领导机构人数最多。亚洲在世界拳击联盟、世界跆拳道联合会 2 个组织的领导机构人数最多。

6.2.3　担任国际单项体育组织主席的组织数

一般来说，各类国际竞技体育组织的职能权力也是有层次的，各职能权力的大小、多寡都必须依据组织的章程和决议的规定。因为会员国代表都分散在世界各地，每年只开一次会议，而被推选出来的领导机构一年也聚不到几次，即使代表大会或领导机构开会时，做陈述发言、会议总结或问题探讨的核心还是主席，所以国际单项体育组织中主席的权力无疑是最高的。

如国际奥委会主席，在国际奥委会宪章中，主席享有独特的职能权力，具体可以分为组织代表权、会议决定权、人事任命权。一是组织代表权。主席代表国际奥委会和主持所有国际奥委会的活动；代表国际奥委会采取任何行动或任何决定；在开幕式和闭幕式上，只有国际奥委会主席和奥运会组委会主席有权发表演讲。二是会议决定权。国际奥委会代表大会一年召开一次。主席有权召开特殊会议；会议上所有议程的创建都要在主席授权下；除了宪章修改外，涉及会议和投票的任何程序都由主席决定，并且主席有权决定选举申办城市的特殊会议在哪个城市举行。三是人事任命权。主席认为有需要时，可指派成立某些永久性的或特别委员会或工作小组，确定他们的权力范围，任命其成员，成员有义务去完成主席指派的任务；主席可任命申办城市评估小组；执委会可以根据主席的建议，任命、开除、奖励或处分干事。另外，主席是所有委员会和工作小组的当然成员，无论他参加哪个会议都将享有最高权力。从理论上说，他的权力没有监督，可以随心所欲。

各国担任国际单项体育组织主席的组织数代表了最高领导权力的覆盖范围。如表 6 - 3 所示，在 35 个国际单项体育组织中，担任主席较多的国家是意大利、瑞士、英国、西班牙、德国、法国。意大利排第 1 位，在 5 个国际单项体育组织中担任主席，包括国际网球联合会、国际体操联合会、国际帆船联合会、国际滑冰联盟、国际雪车联合会。瑞士排第 2 位，在 4 个国际单项体育组织中任主席，包括国际足球联合会、国际赛艇联合会、国际冰球联合会、国际滑雪联合会。英国排第 3 位，在 3 个国际单项体育组织中担任主席，包括国际高尔夫联合会、国际自行车联盟、世界冰壶联合会。

表 6-3　35 个国际单项体育组织主席一览表

国际竞技体育组织名称	姓名	国籍	所属地区	人数/名	排名
国际网球联合会	Francesco R. Bitti	意大利	欧洲	5	1
国际体操联合会	Bruno Grandi				
国际帆船联合会	Carlo Croce				
国际滑冰联盟	Ottavio Cinquanta				
国际雪车联合会	Ivo Feriani				
国际足球联合会	Joseph S. Blatter	瑞士	欧洲	4	2
国际赛艇联合会	Denis Oswald				
国际冰球联合会	René Fasel				
国际滑雪联合会	Gian Franco Kasper				
国际高尔夫联合会	Peter Dawson	英国	欧洲	3	3
国际自行车联盟	Brian Cookson				
世界冰壶联合会	Kate Caithness				
国际皮划艇联合会	José Perurena López	西班牙	欧洲	2	4
国际铁人三项联盟	Les McDonald				

续表 6 – 3

国际竞技体育 组织名称	姓名	国籍	所属地区	人数/名	排名
国际现代五项联盟	h. c. Klaus Schormann	德国	欧洲	2	4
国际无舵雪 橇联合会	Josef Fendt				
国际篮球联合会	Yvan Mainini	法国	欧洲	2	4
国际橄榄球理事会	Bernard Lapasset				
国际业余拳击 联合会	Ching – Kuo Wu	中国	亚洲	1	5
国际举重联合会	Tamas Ajan	匈牙利	欧洲	1	5
国际游泳联合会	Julio C. Maglione	乌拉圭	美洲	1	5
国际射箭联合会	Ugur Erdener	土耳其	亚洲	1	5
国际田径联合会	Lamine Diack	塞内加尔	非洲	1	5
国际摔跤联合会	Nenad Lalovic	塞尔维亚	欧洲	1	5
国际冬季两项联盟	Besseberg Anders	挪威	欧洲	1	5
国际射击运动 联合会	Olegario Vazquez Rania	墨西哥	美洲	1	5
国际乒乓球联合会	Adham Sharara	加拿大	美洲	1	5
国际曲棍球 联合会	Van Breda Vriesman Els	荷兰	欧洲	1	5
世界跆拳道联合会	Chungwon Choue	韩国	亚洲	1	5
国际击剑联合会	Usmanov Alisher	俄罗斯	欧洲	1	5
羽毛球世界联合会	Poul – Erik Høyer	丹麦	欧洲	1	5
国际排球联合会	Ary S. Graça	巴西	美洲	1	5

续表 6 - 3

国际竞技体育 组织名称	姓名	国籍	所属地区	人数/名	排名
国际柔道联合会	Marius L. Vizer	奥地利	欧洲	1	5
国际手球联合会	Hassan Moustafa	埃及	非洲	1	5
国际马术联合会	Haya	约旦	亚洲	1	5

从 35 个国际单项体育组织主席的分布地区来看，欧洲地区最多，有 25 人，占 71.43%；其次是亚洲地区和美洲地区，各有 4 人，各占 11.43%；非洲地区有 2 人，占 5.71%；大洋洲没有人在这 35 个国际单项体育组织中担任主席。可见，国际单项体育组织的主席大多为欧洲人，其他四大洲加起来的主席数量还不及欧洲地区的一半，在 2 个或 2 个以上组织担任主席的国家全部是欧洲地区的。亚洲地区的约旦、韩国、土耳其和中国各有 1 名主席；美洲地区的乌拉圭、墨西哥、加拿大、巴西各有 1 名主席；非洲地区的埃及和塞内加尔各有 1 名主席。

6.2.4 国际奥委会委员和执委情况

（1）国际奥委会委员情况。

截至 2014 年 2 月 6 日，国际奥委会现任委员共计 107 人，对国际奥委会委员国籍进行统计发现，各国的国际奥委会委员数量并不均等，有 3 ~ 5 名委员的国家共有 8 个（如表 6 - 4 所示）。瑞士有 5 名委员，排在第 1 位；英国、俄罗斯、美国和中国有 4 名委员，并列第 2；西班牙、法国、意大利有 3 名委员，并列第 3。

从地区分布来看，委员数量最多的 8 个国家中，有 6 个欧洲国家、1 个美洲国家、1 个亚洲国家。从委员的分布地区来看，欧洲委员比例最高，占 40%（43 人）；美洲委员占 19%（20 人）；亚洲委员占23%（25人）；非洲委员占13%（14人）；大洋洲委员占5%（5人）。

表6-4　国际奥委会委员一览表

委员数/名	国家或地区（所属地区）	国家或地区数/个
5	瑞士（欧）	1
4	英国（欧）、俄罗斯（欧）、美国（美）、中国（亚）、	4
3	西班牙（欧）、法国（欧）、意大利（欧）	3
2	澳大利亚（大洋）、加拿大（美）、古巴（美）、芬兰（欧）、德国（欧）、韩国（亚）、新西兰（大洋）、瑞典（欧）、乌克兰（欧）	9
1	阿根廷（美）、阿鲁巴（美）、奥地利（欧）、巴巴多斯（美）布隆迪（非）、比利时（欧）、巴西（美）、喀麦隆（非）、哥伦比亚（美）、丹麦（欧）、吉布提（非）、埃及（非）、埃塞俄比亚（非）、斐济（大洋）、冈比亚（非）、希腊（欧）、危地马拉（美）、匈牙利（欧）、印度尼西亚（亚）、印度（亚）、爱尔兰（欧）、以色列（亚）、约旦（亚）、日本（亚）、肯尼亚（非）、沙特阿拉伯（亚）、科威特（亚）、圣卢西亚（美）、黎巴嫩（亚）、列支敦士登（欧）、卢森堡（欧）、摩洛哥（非）、马来西亚（亚）、墨西哥（美）、摩纳哥（非）、纳米比亚（非）、荷兰（欧）、尼日利亚（非）、挪威（欧）、巴基斯坦（亚）、巴拿马（美）、秘鲁（美）、菲律宾（亚）、波兰（欧）、朝鲜（亚）、波多黎各（美）、卡塔尔（亚）、罗马尼亚（欧）、南非（非）、新加坡（亚）、斯洛伐克（欧）、叙利亚（亚）、泰国（亚）、中国（亚）、土耳其（亚）、阿拉伯联合酋长国（亚）、乌拉圭（美）、赞比亚（非）、津巴布韦（非）	59

（2）国际奥委会执委情况。

国际奥委会下设执行委员会，是国际奥委会的常设机构，负责处理奥林匹克运动的日常事务，并且在得到国际奥委会授权后行驶奥委会的职权。在 2014 年 2 月 6 日召开的国际奥委会第 126 届全会上，中国奥委会副主席于再清再次当选国际奥委会副主席，此时国际奥委会执委会委员共有 15 人。从表 6-5 可知，德国有 2 名成员，在所有国家中排第 1 位，其他 13 个国家各有 1 名执委会成员。从地区看，欧洲有 8 名执委，占 53.3%，超过了总数的一半。美洲、亚洲、非洲各有 2 名执委，大洋洲有 1 名执委，这四大地区执委数之和还不及欧洲一个地区。

表 6-5　国际奥委会执委一览表

职务	姓名	国籍	地区
主席	Thomas Bach	德国	欧洲
副主席	Nawal EL Moutawakel	摩洛哥	非洲
	Sir Craig Reedite	英国	欧洲
	John D. Coates	澳大利亚	大洋洲
	Zaiqing Yu	中国	亚洲
执委	Sam Ramsamy	南非	非洲
	Gunilla Lindberg	瑞典	欧洲
	Ching - Kuo Wu	中国	亚洲
	René Fasel	瑞士	欧洲
	Patrick Joseph Hickey	爱尔兰	欧洲
	Claudia Bokel	德国	欧洲
	Juan Antonio Samaranch	西班牙	欧洲
	Sergey Bubka	乌克兰	欧洲
	Willi Kaltschmitt Lujan	危地马拉	美洲
	Anita L. De Frantz	美国	美洲

　　总之，通过对各国在国际单项体育组织领导机构参与率情况的比较，发现参与率较高的国家主要是区域性大国(美国、英国、俄罗斯、澳大利亚、法国、意大利、加拿大、西班牙、中国、日本、韩国、埃及、德国)和竞技体育强国(美国、中国、英国、俄罗斯、韩国、德国、法国、意大利、澳大利亚、日本)，参与率排前十位的共有 14 个国家，它们分别是美国、英国、俄罗斯、澳大利亚、法国、意大利、加拿大、西班牙、中国、瑞士、日本、韩国、埃及、德国。从地区来看，欧洲国家参与率最高，占 46.43%，亚洲和美洲次之，非洲和大洋洲参与率最低。

　　各国参与领导机构人数最多的组织数中，排前 6 位的共有 12 个国家，分别是英国、美国、俄罗斯、法国、加拿大、中国、意大利、澳大利亚、瑞士、韩国、西班牙、日本；从地区分布看，欧洲地区占绝对优势，在 35 个组织里有 31 个的领导机构人数都是最多的，达到 89%。

　　在 35 个国际单项体育组织中，担任主席较多的国家是意大利、瑞士、英国、西班牙、德国、法国。从地区来看，欧洲地区最多，有 25 人，占 71.43%；其次是亚洲地区和美洲地区，各有 4 人，占 11.43%；非洲地区有 2 人，占 5.71%。

　　各国的国际奥委会委员数量并不均等，有 3~5 名委员的国家共有 8 个，依次是瑞士、英国、俄罗斯、美国、中国、西班牙、法国、意大利。从地区来看，欧洲委员比例最高，占 40%(43 人)，美洲委员占 19%(20 人)，亚洲委员占 23%(25 人)，非洲委员占 13%(14 人)，大洋洲委员占 5%(5 人)。国际奥委会执委会 15 名执委中，只有德国有 2 名执委，排第 1 位。地区上看，欧洲有 8 名执委，超过总数的一半。

6.2.5　国际竞技体育组织主席任职时间

　　虽然几乎所有国际竞技体育组织章程都规定了主席的任期，

但同时也规定了主席可以连任，因此在部分国际竞技体育组织中主席连任多届的情况经常发生，如表6－6所示。

表6－6 部分连任国际竞技体育组织主席情况一览表（截至2014年2月6日）

序号	国际竞技体育组织名称	主席姓名	主席国籍	当选时间/年	已任职时间/年
1	国际体操联合会	Prof. Bruno Grandi	意大利	1996	18
2	国际赛艇联合会	Dwnis Oswald	瑞士	1989	25
3	国际滑冰联合会	Ottavio Cinquanta	意大利	1994	20
4	国际举重联合会	Tamas Ajan	匈牙利	2000	14
5	国际田径联合会	Lamine Diack	塞内加尔	1999	15
6	国际乒乓球联合会	Adham Sharara	加拿大	1999	15
7	国际足球联合会	Joseph S. Blatter	瑞士	1998	16
8	国际射击联合会	Olegario Vázquez Raña	墨西哥	1980	34
9	国际冬季两项联盟	Besseberg Ander	挪威	1993	21

一些国际竞技体育组织主席连任已成常态，如表6－7所示。国际雪车联合会往任主席中任职时间最短的也达到了14年；国际排球联合会除了中国人魏纪中，另两任主席任职时间都特别长；国际田径联合会也是如此，仅一人任职5年，其余往任主席最少任职18年。

值得关注的是，还有部分主席并非因为任职时间已到，而是因为一些特别事件而选择离任或不得不离任。如果这些特别事件没有发生，那么他们可能还会继续担任主席一职。

表6－7　部分国际竞技体育组织往任主席一览表

国际组织名称	任职时间/年	姓名	国籍	任职年限/年
国际雪车联合会	1923—1960	弗雷格利埃	法国	37
	1960—1980	阿米尔卡拉·罗塔	意大利	20
	1980—1994	克劳斯·科特	德国	14
	1994—2010	罗伯特·H·斯托里	加拿大	16
国际排球联合会	1947—1984	保尔·利保德	法国	37
	1984—2008	鲁本·阿科斯塔	墨西哥	24
国际田径联合会	1912—1946	西格弗里德·埃德斯特隆	瑞典	34
	1946—1976	罗德·伯利	联合王国	30
	1976—1981	阿基利安·鲍伦	荷兰	5
	1981—1999	普里奥里莫·内比奥罗	意大利	18

　　第一种情况是在任职期内过世。如前国际田径联合会主席意大利人普里奥里莫·内比奥罗、前国际射击联合会主席法国人皮尔·弗朗索瓦·丹尼尔·梅瑞伦以及前国际乒乓球主席日本人荻村伊智朗和瑞典人洛罗·哈马隆德。

　　第二种情况是在任期内有过错。如前世界跆拳道联盟主席金云龙，因收取巨额贿赂，被韩国首尔中心地区法院判处两年零六个月监禁，国际奥委会执行委员会也在瑞士洛桑宣布，停止金云龙在该委员会中的一切权力。此前被控告时，其已经辞去担任了21年的主席职务。前国际排球联合会主席鲁本·阿科斯塔也是因为涉嫌挪用国际奥委会资金主动辞去担任了11年的主席职务。而2013年，前国际摔跤联合会主席是因为摔跤项目被暂时剔除2016奥运会，遭到1/2不信任投票后，放弃主席决定票而离职。

6.3 中国人在国际竞技体育组织领导机构中 的任职情况

一个国家在国际竞技体育组织机构的参与人数越多、职务越高，其在国际竞技体育组织中的影响力和话语权就越有增大的可能性。我国《2011—2020年奥运争光计划纲要》提出，"加大国际竞技体育组织任职人员和体育外事人才的培养力度，支持和鼓励合适人员竞选国际竞技体育组织的相应职务，争取更多地参与国际竞技体育组织活动、参与国际单项体育联合会的决策，增强我国在国际体育事务中的影响力和话语权"。①

目前，在关于我国国际竞技体育组织人才状况的研究论文中，相关研究者几乎一致认为我国在国际竞技体育组织中的人数处于弱势，核心机构人员屈指可数、力量薄弱，而这与我国人口大国、体育大国、竞技实力不相称，与我国国际政治地位和体育事业发展总体目标要求有差距，制约了我国在国际体育事务中的作用。分析这些论断依据，发现这些基本都是对《2005年全国体育系统人才状况调研数据》中我国国际竞技体育组织人才队伍的状况所做的判断。但是，在不清楚组织人数总量，也没有其他国家数据做比较的情况下，单从我国的数据，怎么能判断出我国在国际竞技体育组织中的人数处于弱势、决策层数量严重不足呢？另外，在未对国际竞技体育组织章程和制度进行了解的情况下，提出的国际竞技体育组织任职人才队伍建设对策更像是一种凭空的臆想。

而适合我国国际竞技体育组织人才建设的对策，应该参考国

---

① 国家体育总局.2011—2020年奥运争光计划纲要［DB/OL］.http：//www.sport.gov.cn/n16/n1077/n297454/1917227.html.

际竞技体育组织相关章程和制度，建立在对我国在国际竞技体育组织中任职情况的正确认识上。因此，本研究以最有影响的国际竞技体育组织——国际奥委会和 35 个奥运会项目组织为研究对象，采用调查法，从这 36 个组织的官网收集 2014 年 2 月 6 日的机构人员信息，并采用数理统计法对这些数据进行分析。因为绝大部分国际竞技体育组织都尊重主权平等，不论会员国实力、竞技水平、人口数量等差异，在代表大会都拥有相同的投票数，所以各个国家在代表大会中的人数几乎没有差别。但不是所有会员国都能进入领导机构，进入领导机构才会有更多的组织决策权，才会在组织中有更大的影响力和话语权，所以我国在国际竞技体育组织领导机构的任职情况基本能代表我国在国际竞技体育组织的话语权情况。

6.3.1　国际奥委会中的情况

（1）委员情况。

在国际奥委会中，如表 6 - 8 所示，中国有 4 名委员，与英国、俄罗斯、美国并列第 2 位。中国是亚洲国家中国际奥委会委员人数最多的国家。

表 6 - 8　各国在国际奥委会委员中人数情况

国家名称	委员数/名
瑞士	5
英国、俄罗斯、美国、中国	4
西班牙、法国、意大利	3
澳大利亚、加拿大、古巴、芬兰、德国、韩国、新西兰、瑞典、乌克兰	2

续表 6 - 8

国家名称	委员数/名
阿根廷、阿鲁巴、奥地利、巴巴多斯、布隆迪、比利时、巴西、喀麦隆、哥伦比亚、丹麦、吉布提(非)、埃及、埃塞俄比亚、斐济、冈比亚、希腊、危地马拉、匈牙利、印度尼西亚、印度、爱尔兰、以色列、约旦、日本、肯尼亚 、沙特阿拉伯、科威特、圣卢西亚、黎巴嫩、列支敦士登、卢森堡、摩洛哥、马来西亚、墨西哥、摩纳哥、纳米比亚、荷兰、尼日利亚、挪威、巴基斯坦、巴拿马、秘鲁、菲律宾、波兰、朝鲜、波多黎各 、卡塔尔、罗马尼亚、南非、新加坡、斯洛伐克、叙利亚、泰国、土耳其、阿拉伯联合酋长国、乌拉圭、赞比亚、津巴布韦	1

(2)执委会情况。

在国际奥委会15名执委中,除德国和中国有2名执委外,美国等其余11个国家各有1名执委,中国人于再清在执委会中担任副主席,具体情况如表6-9所示。

表6-9 国际奥委会执委一览表

职务	姓名	国籍	地区
主席	Thomas Bach	德国	欧洲
副主席	Nawal EL Moutawakel	摩洛哥	非洲
	Craig Reedie	英国	欧洲
	John D. Coates	澳大利亚	大洋洲
	Zaiqing Yu	中国	亚洲

续表6-9

职务	姓名	国籍	地区
执委	Sam Ramsamy	南非	非洲
	Gunilla Lindberg	瑞典	欧洲
	Ching - Kuo Wu	中国	亚洲
	René Fasel	瑞士	欧洲
	Patrick Joseph Hickey	爱尔兰	欧洲
	Claudia Bokel	德国	欧洲
	Juan Antonio Samaranch	西班牙	欧洲
	Sergey Bubka	乌克兰	欧洲
	Willi Kaltschmitt	危地马拉	美洲
	Anita L. De Frantz	美国	美洲

6.3.2 奥运会夏季项目单项组织的情况

（1）领导机构参与率情况。

在28个夏季奥运会项目的国际竞技体育组织中，中国在领导机构中的参与率处于第8位，排在英国、美国、法国、澳大利亚、俄罗斯、意大利、西班牙之后，在亚洲处于第1位，如表6-10所示。

表6-10 奥运会夏季项目28个单项体育组织领导机构参与率超过25%的国家

国家	参与率/%	参与数/个	排名/位	国家	参与率/%	参与数/个	排名/位
英国	82.14	23	1	阿根廷	39.29	11	12

续表 6 - 10

国家	参与率/%	参与数/个	排名/位	国家	参与率/%	参与数/个	排名/位
美国	78.57	22	2	巴西	39.29	11	12
法国	75.00	21	3	韩国	35.71	10	13
澳大利亚	71.43	20	4	德国	32.14	9	14
俄罗斯	64.29	18	5	新西兰	32.14	9	14
意大利	60.71	17	6	卡塔尔	32.14	9	14
西班牙	60.71	17	6	墨西哥	28.57	8	15
中国	57.14	16	7	土耳其	28.57	8	15
加拿大	53.57	15	8	瑞典	25.00	7	16
日本	50.00	14	9	印度	25.00	7	16
埃及	46.43	13	10	波兰	25.00	7	16
瑞士	42.86	12	11	南非	25.00	7	16

(2)占领导机构人数最多次数。

据附录1和表6-11统计,占领导机构人数最多次数,英国出现13次(排第1位),美国9次,俄罗斯7次,法国和中国各6次,澳大利亚5次,埃及、日本、韩国、意大利、加拿大各4次,古巴、墨西哥、荷兰、西班牙、瑞士3次。阿根廷、巴西、卡塔尔、科威特、肯尼亚、塞内加尔、土耳其、乌克兰、匈牙利、德国各2次。

在28个夏季奥运会项目的国际竞技体育组织中,中国在领导机构中最高人数出现6次,排第4位,处于英国、美国、俄罗斯之后,在亚洲排第1位。

表 6 – 11　28 个夏季奥运项目国际体育单项组织领导机构中国家情况表

国际竞技体育组织名称	国家数/个	会员数/名	国家比/%	人数最多国家
国际乒乓球联合会	9	215	4	9 个国家
国际网球联合会	12	210	6	美国、英国
国际高尔夫联合会	8	116	7	美国
国际橄榄球理事会	8	117	7	英国、澳大利亚
国际柔道联合会	18	220	8	俄罗斯、西班牙
国际射箭联合会	13	142	9	13 个国家
国际自行车联盟	15	170	9	15 个国家
国际篮球联合会	19	213	9	阿根廷、澳大利亚、美国
国际曲棍球联合会	12	118	10	英国、荷兰、阿根廷、马来西亚
国际赛艇联合会	14	142	10	英国、瑞士、中国
国际举重联合会	19	189	10	英国
国际手球联合会	16	147	11	法国、科威特
世界拳击联盟	24	209	11	美国、乌兹别克斯坦
国际游泳联合会	22	181	12	22 个国家
国际足球联合会	25	209	12	英国
国际现代五项联盟	16	122	13	英国、俄罗斯、埃及、韩国、墨西哥
羽毛球世界联合会	23	180	13	英国、瑞士、中国
国际田径联合会	27	212	13	27 个国家
国际马术联合会	18	132	14	英国

续表 6 - 11

国际竞技体育 组织名称	国家数 /个	会员数 /名	国家比 /%	人数最多国家
国际摔跤联合会	20	142	14	俄罗斯
世界跆拳道联合会	25	182	14	韩国
国际排球联合会	31	218	14	意大利
国际铁人三项联盟	13	87	15	埃及、墨西哥、新西兰
国际皮划艇联合会	22	147	15	加拿大
国际射击运动联合会	24	154	16	美国
国际击剑联合会	21	108	19	俄罗斯
国际帆船联合会	28	138	20	英国
国际体操联合会	34	135	25	法国

6.3.3 奥运会冬季项目单项组织的情况

（1）领导机构参与率情况。

在 7 个冬季奥运会项目的国际竞技体育组织中，如表 6 - 12 所示，中国在领导机构中的参与率以 28.57% 与捷克、日本等国家并列第 6 位，排在英国、美国、法国、澳大利亚、俄罗斯等 14 个国家之后，在亚洲处于第 2 位，亚洲的韩国以高达 71.43% 的参与率排在第 3 位。

表 6 - 12　7 个冬季奥运项目单项组织参与率

国家	参与率 /%	参与数 /个	排名 /位	国家	参与率 /%	参与数 /个	排名 /位
美国	100	7	1	奥地利	28.57	2	6
俄罗斯	85.71	6	2	法国	28.57	2	6

续表6-12

国家	参与率/%	参与数/个	排名/位	国家	参与率/%	参与数/个	排名/位
意大利	85.71	6	2	捷克	28.57	2	6
韩国	71.43	5	3	日本	28.57	2	6
加拿大	71.43	5	3	斯洛伐克	28.57	2	6
瑞士	71.43	5	3	西班牙	28.57	2	6
英国	71.43	5	3	匈牙利	28.57	2	6
澳大利亚	57.14	4	4	中国	28.57	2	6
德国	57.14	4	4	丹麦	14.29	1	7
芬兰	42.86	3	5	荷兰	14.29	1	7
挪威	42.86	3	5	克罗地亚	14.29	1	7
瑞典	42.86	3	5	拉脱维亚	14.29	1	7
斯洛文尼亚	42.86	3	5	摩纳哥	14.29	1	7
新西兰	42.86	3	5				

（2）占领导机构人数最多次数。

据附录1和表6-13统计，俄罗斯、加拿大、英国出现4次，并列第1。芬兰、美国、瑞士、意大利出现3次，并列第2。奥地利、澳大利亚、德国、法国、韩国、捷克、挪威、瑞典、斯洛伐克、斯洛文尼亚、西班牙、中国出现2次，并列第3。丹麦、荷兰、克罗地亚、日本、新西兰、匈牙利出现1次，并列第4。在7个冬季奥运会项目的国际竞技体育组织中，中国在领导机构中最高人数出现2次，排第8位，处于俄罗斯、加拿大、英国等7个国家之后，在亚洲与韩国并列第1。

表6－13　7个冬季奥运项目国际体育单项组织领导机构中国家情况表

国际竞技体育组织名称	国家数/个	会员数/名	国家比/%	人数最多国家
国际雪车联合会	7	65	11	新西兰
世界冰壶联合会	7	53	13	英国
国际冬季两项联盟	9	61	15	挪威、加拿大、捷克、韩国、俄罗斯、斯洛伐克、奥地利、意大利、德国
国际滑雪联合会	18	118	15	瑞士、斯洛文尼亚、韩国、美国、挪威、瑞典、俄罗斯、澳大利亚、德国、捷克、克罗地亚、意大利、西班牙、奥地利、加拿大、芬兰、法国、英国
国际冰球联合会	13	72	18	瑞士、英国、分兰、加拿大、中国、英国、匈牙利、西班牙、瑞典、美国、丹麦、斯洛伐克、法国、俄罗斯
国际雪橇联合会	10	48	21	澳大利亚
国际滑冰联盟	11	32	34	意大利、加拿大、荷兰、芬兰、日本、美国、斯洛文尼亚、匈牙利、俄罗斯、中国、瑞士

　　总体来说，中国在国际竞技体育组织领导机构的任职在世界范围处于优势，和亚洲其他国家相比，更是强势地排在第1位。比中国在国际竞技体育组织中占更大优势的国家不多，仅有英

国、美国、俄罗斯。在奥运会夏季项目的国际竞技体育组织的领导机构中，中国参与率高达 57.14%，领导人数最多的次数仅在三个国家之后。相比之下，在冬季奥运会的国际竞技体育组织中，中国参与率较低，不足 30%。另外，在这 36 个国际竞技体育组织中，中国无人担任绝对领导——主席，这是中国在国际竞技体育组织领导机构中薄弱的地方。

6.3.4　中国人任奥运会项目组织主席的时间

中国有 12 人担任过国际竞技体育组织"一把手"，但只有 4 人担任过奥运会项目的国际竞技体育组织"掌门人"。这 4 人任职的年限都不长，都未超过 10 年，具体情况如表 6-14 所示。

表 6-14　中国担任国际竞技体育组织主席人员信息表

序号	国际竞技体育组织名称	姓名	任职时间/年	任职年限/年
1	世界羽毛球联合会	吕圣荣	1993—2001	8
2	国际乒乓球联合会	徐寅生	1995—1999	4
3	国际排球联合会	魏纪中	2008—2012	4
4	国际篮球联合会	程万琦	2002—2006	4

6.4　本章小结

国际竞技体育组织中的个人合作是为了追求共同的组织目标利益，在这种相互依赖的环境下，各人都有着各自的利益，其中国家利益就是个人不得不注重的利益，因此在维护组织利益的同时，会使组织行为朝着有利于实现自己国家利益的方向而努力。

国际竞技体育组织的组织形式一般有两种：一是会员国代表制；二是逆向代表制，这两种组织形式都带有国家属性。

参与率较高的国家主要是区域性大国(美国、英国、俄罗斯、澳大利亚、法国、意大利、加拿大、西班牙、中国、日本、韩国、埃及、德国)和竞技体育强国(美国、中国、英国、俄罗斯、韩国、德国、法国、意大利、澳大利亚、日本)，参与率排名前十的共有14个国家，分别是美国、英国、俄罗斯、澳大利亚、法国、意大利、加拿大、西班牙、中国、瑞士、日本、韩国、埃及、德国。从地区来看，欧洲国家参与率最高，占46.43%，亚洲和美洲次之，非洲和大洋洲参与率最低。

各国参与领导机构人数最多的组织数中，排前6位的共12个国家，分别是英国、美国、俄罗斯、法国、加拿大、中国、意大利、澳大利亚、瑞士、韩国、西班牙、日本；从地区分布看，欧洲地区占绝对优势，35个组织里有31个的领导机构人数都最多，达到89%。

在35个国际单项体育组织中，担任主席较多的国家是意大利、瑞士、英国、西班牙、德国、法国。从地区来看，欧洲地区最多，有25人，占71.43%；其次是亚洲地区和美洲地区，各有4人，各占11.43%；非洲地区仅2人，占5.71%。

各国的国际奥委会委员数量并不均等，有3~5名委员的国家共有8个，依次是瑞士、英国、俄罗斯、美国、中国、西班牙、法国、意大利。从地区来看，欧洲委员比例最高，占40%(43人)；美洲委员占19%(20人)；亚洲委员占23%(25人)；非洲委员占13%(14人)；大洋洲委员占5%(5人)。国际奥委会执委会的15名执委中，只有德国和中国有2名执委，并列第1位。从地区上看，欧洲有8名国际奥委会执委，超过总数的一半。

欧洲国家和地区人员在国际竞技体育组织中占有绝对优势。中国人在国际竞技体育组织领导机构的任职情况在世界范围来说还是处于优势，比中国人在国际竞技体育组织中更占优势的国家不多，只有英国、美国、俄罗斯。和亚洲其他国家相比，中国在国际奥委会和夏季奥运会项目的国际竞技体育组织强势地排在首位，但在冬季奥运会的国际竞技体育组织中的参与率较低。另外，在全球最有影响的 36 个国际竞技体育组织中，中国目前无一人担任主席，这是中国在国际竞技体育组织领导机构中有待提升的地方。

第7章　国际竞技体育话语权的影响因素

国际竞技体育话语权主要与历史机遇、国家背景和个人条件三个方面有很大关系。其中，历史机遇从世界体育发展初期、国际竞技体育组织建立初期和国际竞技体育组织发展惯例来阐释；国家背景包括国家经济和政策支持、国际关系、竞技实力和地理优势；个人条件包括语言优势、体育特长、身份地位和人际关系。

7.1　历史机遇

7.1.1　世界体育发展初期

现代国际体育萌芽于 19 世纪工业革命，是西方主导的工业文明的产物。目前世界公认的国际体育组织大多成立于 19 世纪末到 20 世纪初，现代世界体育基本价值导向、运作的基本机制及体育活动的基本内容、组织体系的基本格局都是源自几个国家顺应国际体育发展方向，做出的引领创新性改革；这加快了世界体育演变的速度，同时也使这几个国家在国际体育价值观和话语权的竞争中取得了优势地位。这次世界体育发展浪潮中处于前列的国家主要有英国、法国、苏联和美国。

（1）英国在世界体育发展中的贡献。

英国首先于 1700 至 1850 年完成了社会体育由前工业社会向工业社会的发展转换。在这一时期英国重新认识了体育的功能和价值，使体育组织得到组建，体育运动走上规范化、标准化道路，体育项目完成了由传统民族体育向现代竞技体育的质变，创造了符合现代社会需要的体育新形态，为体育运动在大范围内普及创造了条件。英国人认识到竞技运动的教育功能，首先将竞技运动引入学校，正是这种以竞技运动为基础的教育理念大大促进了奥林匹克运动在全球的发展。

（2）法国在世界体育发展中的贡献。

法国在体育国际化和国际体育组织化方面贡献突出。以奥林匹克之父顾拜旦为代表，法国直接促成了奥林匹克组织、国际田径联合会和国际足球联合会等重要世界体育组织的诞生，一举奠定了今天国际竞技体育组织的基本框架，并开启了国际体育民主化的进程，确立了在国际体育界不可动摇的优势话语权。从目前夏季奥运会和冬季奥运会的 35 个项目管理的国际竞技体育组织来看，有 13 个国际竞技体育组织的成立地点在法国，是所有国家中最多的，如表 7 – 1 所示。

表 7 – 1　35 个夏冬奥运大项中的国际竞技体育组织成立地点统计表①

数量/个	国家名称和项目
13	法国（足球、网球、曲棍球、排球、自行车、马术、击剑、举重、帆船、铁人三项、冰球、雪车、滑雪）
5	英国（羽毛球、游泳、拳击、冰壶、冬季两项）
3	瑞士（篮球、体操、射击）、瑞典（田径、摔跤、现代五项）

① 2014 年 1 月 5 日整理自各国际体育组织官网。

续表 7 - 1

数量/个	国家名称和项目
2	丹麦(手球、皮划艇)、德国(乒乓球、无舵雪橇)
1	爱尔兰(橄榄球)、波兰(射箭)、日本(柔道)、韩国(跆拳道)、意大利(赛艇)、美国(高尔夫)、荷兰(滑冰)

(3)苏联在世界体育发展中的贡献。

苏联在世界上开创了举国体制这一新的体育发展模式，以国家力量整合体育资源，以国际政治的角度切入体育，充分开发体育的政治功能。在这种体制模式下，苏联的体育水平和国际体育实力迅速提高，对既有的国际体育格局造成了巨大冲击，引发了国际体育的震动。举国体制为世界对现代体育的功能和认识提供了新的角度和方法，改变了长期以来西方国家认为体育是业余运动，国家不宜干涉的观念。

(4)美国在世界体育发展中的贡献。

美国在相当长的一个时期内掌握着国际体育的经济命脉，其在体育与市场结合方面的创新对当代国际体育产生了巨大的推动和深远的影响。体育全球化不可避免地需要大量经济资源，而传统的体育认识、观念的束缚和旧有的业余模式根本不能支撑现代体育全球化的庞大的经费开支。缺乏经济来源，一度让现代体育的发展失去活力，止步不前。正是美国人抛弃原有的体育发展观念，将体育赛事与市场运作及经济规律相结合，极具胆识地开创了体育职业化的造血机制。在美国的推动下，濒临危机的国际体育赛事起死回生，体育商业化逐渐成为世界潮流汹涌澎湃，体育产业成为国际体育的支柱力量，美国的职业体育更是将体育文化产业的理念和运营推向极致，使得美国具有超强的体育实力。

而在19世纪以来的工业革命时期，大多数在历史上受过帝国主义殖民统治和剥削的非西方国家还处在经济落后、民生得不到保障的阶段,其体育活动也可有无可、无足轻重,因此其在国际竞技体育中的话语权也就存在先天缺失。

7.1.2 国际竞技体育组织建立初期

20世纪后期,随着经济全球化、政治全球化、信息全球化,体育项目开始在全球逐渐开展起来,国家之间的体育比赛越来越多,而这些国际性比赛场需要统一的规则,并且这些比赛也需要有各个国家认可的组织来管理。在这种环境下,国际竞技体育组织自然而然地形成了。这些组织最初的成员来自对项目有统一规则要求的国家,因此这些国家成员在国际竞技体育话语权中有着先天优势。如表7-2所示,这些组织初创时期的主席通常来自创立地。

表7-2 部分国际竞技体育组织成立地和主席情况一览表

序号	组织名称	成立地点	主席姓名	主席国籍
1	国际体操联合会	比利时	J. Cuperus	比利时
2	国际足球联合会	法国	罗伯特·格林	法国
3	国际冰球联合会	法国	Louis Magnus	法国
4	国际田径联合会	瑞典	西格弗里德·埃德斯特隆	瑞典
5	国际摔跤联合会	瑞典	埃纳尔·罗贝里	瑞典
6	国际马术联合会	法国	Baron du Teil	法国
7	国际雪车联合会	法国	弗雷格利埃	法国
8	国际曲棍球联合会	法国	莱奥泰	法国
9	国际射箭联合会	波兰	M. Fularski	波兰

续表 7 - 2

序号	组织名称	成立地点	主席姓名	主席国籍
10	国际篮球联合会	瑞士	莱昂·布法尔	瑞士
11	羽毛球世界联合会	英国	乔治·汤姆斯	英国
12	国际排球联合会	法国	保罗·利博	法国
13	国际现代五项联盟	瑞典	Gustaf Dyrssen	瑞典
14	国际柔道联合会	日本	嘉纳履正	日本
15	世界冰壶联合会	英国	Major Allan Cameron	英国
16	世界跆拳道联合会	韩国	金云龙	韩国

以中国为首成立的国际竞技体育组织也不例外，1990 年在中国成立的国际武术联合会的主席是中国人李梦华；1993 年在中国成立的世界象棋联合会的主席是中国人霍英东；1995 年在中国成立的国际龙舟联合会的主席是中国人刘吉；2012 年在中国成立的国际健身气功联合会的主席是中国人晓敏。出现这种情况也是情理之中，任何一个国际体育组织的建立都离不开发起人的四处奔走、游说和组织，而承担这样责任的人也会因为对组织的贡献被更多的人认可和信任，因此在组织刚成立之时更有可能成为主席。

组织成立时拥有话语权是非常大的优势，由于种种原因，这种权力向后来参与的国家和大洲传递需要非常长的时间，而得到这种权力的国家成员也必须拥有超常的资源或能力，可以说这是一种常见的现象，是对项目的垄断。如表 7 - 3 所示，国际竞技体育组织大都建立在欧洲，国际竞技体育组织领导权欧洲国家自然居多，如 2014 年夏季和冬季奥运会 35 个项目管理的国际竞技体育组织主席有 25 个来自欧洲，占 71%。因此国际竞技体育组织的实权很难传到其他大洲。

表7-3 部分国际竞技体育组织主席情况一览表①

序号	国际竞技体育组织名称	姓名	国籍	所属地区
1	国际足球联合会	Joseph S. Blatter	瑞士	欧洲
2	国际网球联合会	Francesco R. Bitti	意大利	欧洲
3	国际曲棍球联合会	Van Breda Vriesman Els	荷兰	欧洲
4	羽毛球世界联合会	Poul – Erik Høyer	丹麦	欧洲
5	国际手球联合会	Hassan Moustafa	埃及	非洲
6	国际排球联合会	Ary S. Graça	巴西	美洲
7	国际乒乓球联合会	Adham Sharara	加拿大	美洲
8	国际篮球联合会	Yvan Mainini	法国	欧洲
9	国际橄榄球理事会	Bernard Lapasset	法国	欧洲
10	国际高尔夫联合会	Peter Dawson	英国	欧洲
11	国际游泳联合会	Julio C. Maglione	乌拉圭	美洲
12	国际田径联合会	Lamine Diack	塞内加尔	非洲
13	国际自行车联盟	Brian Cookson	英国	欧洲
14	国际体操联合会	Bruno Grandi	意大利	欧洲
15	国际马术联合会	Princess Haya	阿联酋	亚洲
16	国际射箭联合会	Ugur Erdener	土耳其	亚洲
17	国际射击运动联合会	Olegario Vazquez Rania	墨西哥	美洲
18	国际击剑联合会	Usmanov Alisher	俄罗斯	欧洲
19	国际举重联合会	Tamas Ajan	匈牙利	欧洲

———————

① 整理自各国际体育组织官网截止日期2014年2月6日。

续表 7 - 3

序号	国际竞技体育组织名称	姓名	国籍	所属地区
20	国际业余拳击联合会	Ching - Kuo Wu	中国	亚洲
21	国际柔道联合会	Marius L. Vizer	奥地利	欧洲
22	国际摔跤联合会	Nenad Lalovic	塞尔维亚	欧洲
23	世界跆拳道联合会	Chungwon Choue	韩国	亚洲
24	国际皮划艇联合会	José Perurena López	西班牙	欧洲
25	国际赛艇联合会	Denis Oswald	瑞士	欧洲
26	国际帆船联合会	Carlo Croce	意大利	欧洲
27	国际现代五项联盟	h. c. KlausSchormann	德国	欧洲
28	国际铁人三项联盟	Les McDonald	西班牙	欧洲
29	国际冰球联合会	René Fasel	瑞士	欧洲
30	世界冰壶联合会	Kate Caithness	英国	欧洲
31	国际滑冰联盟	Ottavio Cinquanta	意大利	欧洲
32	国际无舵雪橇联合会	Josef Fendt	德国	欧洲
33	国际冬季两项联盟	Besseberg Ander	挪威	欧洲
34	国际雪车联合会	Ivo Ferriani	意大利	欧洲
35	国际滑雪联合会	Gian Franco Kasper	瑞士	欧洲

部分国际竞技体育组织从成立到 2014 年 2 月 6 日，历任主席均来自欧洲，如国际自行车联盟和国际摔跤联合会，如表 7 - 4 所示。

表 7-4　国际自行车联盟和国际摔跤联合会历任主席一览表

国际体育组织名称	历任主席			
	任职时间/年	姓名	国籍	所属大洲
国际自行车联盟	1900—1922	Emile de Beukelaer	比利时	欧洲
	1922—1936	Léon Breton	法国	欧洲
	1936—1939	Max Burgi	瑞士	欧洲
	1939—1947	Alban Collignon	比利时	欧洲
	1947—1958	Achille Joinard	法国	欧洲
	1958—1981	Adriano Rodoni	意大利	欧洲
	1981—1990	Luis Puig	西班牙	欧洲
	1991—2005	Hein Verbruggen	荷兰	欧洲
	2005—2013	Patrick McQuaid	爱尔兰	欧洲
	2013—	Brian Cookson	德国	欧洲
国际摔跤联合会	1921—1924	Einar Raberg	瑞典	欧洲
	1924—1929	Alfred Brull	匈牙利	欧洲
	1929—1952	Viktor Smeds	芬兰	欧洲
	1952—1971	Roger Coulon	法国	欧洲
	1972—2002	Milan Ercegan	南斯拉夫	欧洲
	2002—2013	Raphael Martinetti	瑞士	欧洲
	2013—	Nenad Lalovic	塞尔维亚	欧洲

在影响力最大的国际竞技体育组织——国际奥委会也是如此。截至 2014 年 2 月 6 日，国际奥委会共有成员 107 人，其中欧洲 43 人，美洲 20 人，亚洲 25 人，非洲 14 人，大洋洲 5 人。如图

7 – 1所示。①

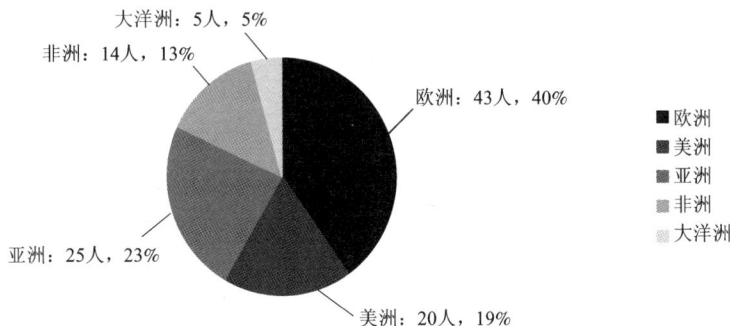

图 7 – 1　国际奥委会各大洲人员比例

　　国际奥委会到 2014 年 2 月 6 日共有 9 位主席，其中 8 位来自欧洲，如表 7 – 5 所示。曾担任国际奥委会副主席、世界反兴奋剂机构主席、国际奥委会市场委员会主席、国际奥委会电视转播权谈判委员会主席的加拿大人理查德·庞德在奥林匹克运动发展中具有重要地位。他曾说，"对于一个非欧洲的委员来说，要想在国际奥委会主席竞选中获胜，最多只是在进行一种尝试，因为几乎 50% 的选票掌握在欧洲委员的手中。另外，国际奥委会道德委员会所指定的投票规则禁止任何委员筹集资金来帮助其前去会见其他国际奥委会委员，那么在有限资金控制下，只能在居住地附近走动，而这样一来，处在欧洲的候选委员就占有先天优势。"理查德·庞德曾参加第 8 任主席的竞选，他所在城市附近 5000 千米的范围内只有 1 名有权投票的委员，而另 2 名欧洲候选人却拥

---

　　① 整理自国际奥委会官网，截至 2014 年 2 月 6 日。

有70名有投票权的委员。① 这种情况很普遍，在亚洲成立的世界跆拳道联合会也是如此。从1973年成立以来，其历任主席均为韩国人。

表7-5　国际奥委会历任主席一览表

序号	任职时间/年	姓名	国籍	所属地区
1	1894—1896	德米特留斯·维凯拉斯	希腊	欧洲
2	1896—1925	勒巴龙·皮埃尔·顾拜旦	法国	欧洲
3	1925—1942	亨利·德·巴耶-拉图尔	比利时	欧洲
4	1946—1952	西格弗里德·埃德斯特伦	瑞典	欧洲
5	1952—1972	艾弗里·布伦戴奇	美国	美洲
6	1972—1980	迈克尔·莫里斯·基拉宁	爱尔兰	欧洲
7	1980—2001	胡安·安东尼奥·萨马兰奇	西班牙	欧洲
8	2001—2013	雅克·罗格	比利时	欧洲
9	2013—	托马斯·巴赫	德国	欧洲

7.1.3　国际竞技体育组织发展惯例

国际竞技体育组织发展中由于一些惯例致使话语权也被垄断，如足球规则制定和修改的权力。足球起源于英国，其所属的四大地区最早开始足球联赛，并成立了国际足球理事会（实质是国内体育组织）组织管理联赛并负责制定和修改足球规则。后来这项运动在各国广泛推广，促使了国际足球联合会的成立，但国

---

① （加拿大）庞德.奥林匹克内幕[M].屠国元，等，译.长沙：湖南文艺出版社，2006：249-250.

际足球联合会并不打算另行制定规则，而是与国际足球理事会签订协议，直接使用国际足球理事会的足球规则，并承诺国际足球联合会及其所属地区足球联合会的所有赛事的规则都必须遵守国际足球理事会的足球规则，且国际足球理事会是唯一对足球规则有修改权力的组织。由于足球的国际影响力不断扩大，国际足球联合会要求参与对规则的修改，英国的国际足球理事会对此做出让步，让出8名成员中一半的席位给国际足球联合会代表，而英国的英格兰、苏格兰、威尔斯和北爱尔兰各有1名代表。这样国际足球理事会才成为名副其实的国际体育组织，而英国也从此确立了在国际足球规则上不容撼动的权威。

国际橄榄球理事会（IRB）也明确规定执委会席位分配为：8个创始国和地区苏格兰、爱尔兰、威尔士、英格兰、澳大利亚、新西兰、南非和法国各2个席位，阿根廷、加拿大、意大利、日本各1个席位。这些明显带有垄断性质的组织规章是有一定历史原因的，并且这种垄断性还将长期存在。

7.2　国家背景

7.2.1　国家经济和政策支持

国家支持主要包括经济支持和政策支持。国际竞技体育组织成立之初的目的就是组织管理国际体育赛事，其不断发展的组织目标是扩大赛事在全球的覆盖范围，提高赛事的国际影响力，因此其管理的每届赛事的持续、成功举办对国际竞技体育组织来说，意义重大。赛事又需要有实力的国家来承办，所以国际竞技体育组织对提供这样支持的国家也会别有好感。

经济支持和政策支持往往密不可分。现今国际竞技体育组织总部几乎都设在瑞士，就是因为首先瑞士是中立国，组织在战争中可以避免受损，必要时还可以在瑞士寻求战争避难。其次，瑞士政府每年不定期为一些组织提供财政补贴，而且其税率很低，瑞士银行的安全性更是世界知名。另外，其国家自然环境也相当不错，因此很多国际体育组织总部最初不是设在瑞士，而后都选择把总部迁到瑞士。

　　国家支持的另一个例子是中国北京成功申办奥运会之后，时任主席江泽民代表中国政府讲话，提出为了举办成功的一届奥运会，北京市 2001—2007 这 7 年时间，将每年投入 400 个亿用来建设和完善奥运会各项目场馆和设施，如果这些资金有结余，将全部支持奥运会事业发展，如果这些资金还不够，中国政府将承担其他所需的资金。他的这番话表明了中国政府举办奥运会的积极而认真的准备态度，表明中国将不遗余力支持这届奥运会的举办，之后中国也是说到做到，因此 2008 届北京奥运会也是无与伦比。萨马兰奇说，选择北京举办奥运会是十分正确的，我从不为此后悔。北京奥运会的空前成功、10 亿人的高涨热情令人沉醉，他在遗嘱里甚至提到可以适当修改奥运会轮流举办原则，寻找一个合适的永久举办地，而世界上没有任何一个国家能够比中国更能承担这样的一个荣耀。同样，许多国际体育组织也在这次奥运会后对中国产生了好感，因此在北京奥运会后，中国有相当一批人进入到各国际体育组织中。如在 77 届国际体操联合会代表大会中，中国的 6 名代表全部当选国际体操联合会执委，这是中国开展体操运动 55 年以来进入国际体操联合会领导机构人数最多的一届。

7.2.2　国际关系

　　国际体育组织大部分都强调代表性，每个国家进入国际体育组织的人数都被控制在一定范围，大部分国家在国际体育组织中人数差别都不大，而且国际体育组织中又常采用平权投票制，各个国家人员不具有压倒性优势，因此在国际体育组织中，取得他国人员的支持非常重要。

各国政府对本国在国际体育组织中的人员或多或少有些影响，因此保持和其他国家良好的国际关系可以间接地提高其对本国在国际体育组织人员的支持。

7.2.3　竞技实力

一个国家在某个项目上的竞技实力不一定是国际体育组织中获得话语权的决定因素，但在某些情况下，其又确实是个影响因素。

如部分国际竞技体育组织代表大会采用加权投票，明文规定了竞技实力与投票权的关系：世界羽毛球联合会规定在最近一届奥运会五个小项中有运动员排名世界前四十位以内的加一票；国际冰球联合会规定正式会员的运动队连续三次参加联合会组织的世界冠军赛（高级别男子和女子）并达到最低成绩标准，可额外多一票。

7.2.4　地理优势

所谓近水楼台先得月。以夏季和冬季奥运会项目管理的 35 个国际竞技体育组织为例，其有 89%（31 个）在欧洲。欧洲的多国执行《申根公约》，持有任意成员国有效身份证或签证人可以在所有成员国境内自由流动。因此，这些国家的人员可以随时出行，省去了签证的烦琐程序和时间。这些申根国包括奥地利、比利时、丹麦、芬兰、法国、德国、冰岛、意大利、希腊、卢森堡、荷兰、挪威、葡萄牙、西班牙、瑞典、匈牙利、捷克、斯洛伐克、斯洛文尼亚、波兰、爱沙尼亚、拉脱维亚、立陶宛、马耳他、爱沙尼亚、瑞士。这些常住地越靠近总部所在地的人员，与组织内部的交流机会越多，信息获取越快捷，消耗成本也较其他国家大大减少。因此上述国家的人员更易走进国际竞技体育组织高层。如图7-2所示，大部分国际竞技体育组织的主席都由欧洲人担任。

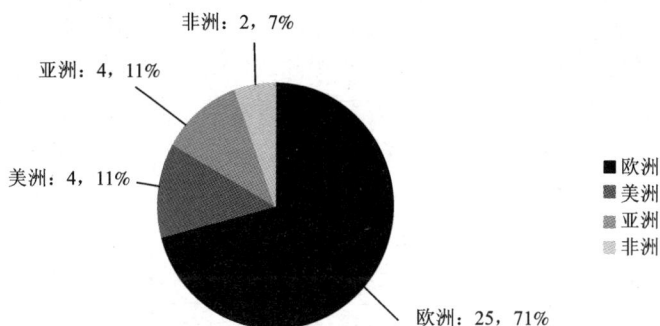

图 7-2　各国或地区在 35 个奥运会项目的国际竞技体育组织担任主席的情况

另外，同一地区或国家国际体育组织成员较多，有利于小联盟的形成。在同一地区或国家的国际体育组织成员容易形成统一战线，达成协议共识。他们在举办城市投票、领导机构投票等事务上较相隔较远的国家更有优势，如欧盟成员、苏联解体后形成的若干国家的人员更容易形成小团体。

7.3　个人条件

国际竞技体育组织中的话语权主要还是通过个人来实施的，因此在组织一定范围内，对个人就有一定的条件要求。根据分析，国际竞技体育组织需要的个人条件主要包括语言优势、体育特长、身份地位、人际关系。

7.3.1　语言优势

国际竞技体育组织是个国际性的组织，成员来自全球各个国家，不管是会议讨论、日常交际，还是代表组织在国际赛事中行使职权，成员之间都需要通过语言达到交流沟通的目的，因此语言的掌握情况对国际竞技体育组织任职人员来说非常重要。在国际竞技体育组织中，熟悉掌握官方语言是基本条件，各个国际竞技体育组织在自己宪章或规章中对此都有明文规定，如表 7－6 所示。

表 7－6　夏季和冬季奥运项目的国际竞技体育组织官方语言

项目	官方语言（冲突时为主语言）	项目	官方语言（冲突时为主语言）
体操	英法俄德西	举重	英法俄德西阿拉伯（英）
足球	英法德西（英）	拳击	英法俄德西
网球	英法西（英）	柔道	英法德日
曲棍球	英法	摔跤	英法（法）
羽毛球	英	跆拳道	英法韩西（英）
手球	英法德（德）	皮划艇	英法德西俄（英）
排球	英法俄西	赛艇	英法
乒乓球	英德俄西阿拉伯	帆船	英
篮球	英法德西（英）	现代五项	英法（英）
橄榄球	—	铁人三项	英法
高尔夫	英	冰球	英德（英）
游泳	英法（英）	冰壶	英
田径	英法俄德西（英）	滑冰	英德法俄

续表 7 – 6

项目	官方语言(冲突时为主语言)	项目	官方语言(冲突时为主语言)
自行车	英法	无舵雪橇	英德
马术	英法	冬季两项	英
射箭	英法	雪车	英法德(英)
射击	英法俄德西(英)	滑雪	英法德俄(英)
击剑	法		

　　官方语言最常见的是英语、法语、俄语、德语、西班牙语。而在这些语言里，英语的重要性又排在首位，除国际击剑联合会规定官方语言为法语外，其他几乎所有的国际竞技体育组织的官方语言都包括英语，而且在官方多种语言出现冲突时，基本上也是以英语为准。如共有13个国际竞技体育组织有此规定，包括的项目有足球、网球、篮球、游泳、田径、射击、举重、跆拳道、皮划艇、现代五项、冰球、雪车、滑雪等。因此熟练掌握英语是进入国际竞技体育组织的最基本的语言要求。

　　若能在国际体育组织中掌握更多语言，将有更大的优势。用组织其他成员熟悉的母语与之交流时，会拉近彼此距离，增强信任感，且在组织中也将得到更多事物处理的参与机会，提高在组织中的知名度和影响力。国际体育组织中有几位主席确实在这方面优势突出，如国际足球联合会主席 Joseph S. Blatter 的母语是德语，但他还掌握了英语、法语、西班牙语、意大利语；国际曲棍球联合会主席 Van Breda Vriesman Els 能熟练地运用荷兰语、法语、英语、德语，并会简单的西班牙语；国际马术联合会主席 Haya 公主擅长阿拉伯语和英语，也能用法语、西班牙语、意大利语、德语和俄语交流；国际赛艇联合会主席 Denis Oswald 能运用英语、法语、德语、西班牙语、意大利语交流。

7.3.2 体育特长

体育特长是国际竞技体育组织成员提名和任命考虑的条件之一,这也是国际竞技体育组织与其他国际性组织的最大区别。在国际竞技体育组织中,特别是在国际单项体育组织中,体育专业知识、运动比赛经历、体育经营管理经验都是各国际单项体育组织比较看重的个人条件。现以国际体育单项组织主席为例,如表7-7所示。

表7-7 部分国际单项体育组织主席在体育方面的特长

项目名称	主席姓名	体育特长
体操	Bruno Grandi	前意大利体操运动员
曲棍球	Van Breda Vriesman Els	从事过的体育项目:曲棍球、网球
羽毛球	Poul - Erik Høyer	前奥运会男单冠军
手球	Hassan Moustafa	前手球运动员
乒乓球	Adham Sharara	前加拿大国家队球员、教练
田径	Lamine Diack	前塞内加尔跳远运动员,前法国跳远冠军
马术	Princess Haya	参加过国际马术比赛
射箭	Ugur Erdener	土耳其三级跳远和篮球运动员、教练
举重	Tamas Ajan	前匈牙利全国体操冠军、体育教育专业大学教授、足球和体操教练,从事过足球、帆船、篮球运动
拳击	Ching - Kuo Wu	曾任校篮球队长,喜欢网球、高尔夫球及壁球
摔跤	Nenad Lalovic	塞尔维亚经营网球俱乐部

续表 7 – 7

项目名称	主席姓名	体育特长
跆拳道	Chungwon Choue	创立庆熙大学跆拳道系，任校长
赛艇	Denis Oswald	体育人文教授；参加三届奥委会，铜牌得主
现代五项	H. C. Klaus Schormann	早期当过体育老师
冰球	René Fasel	裁判
冰壶	Kate Caithness	前英国冰壶运动员
滑冰	Ottavio Cinquanta	前意大利冰球球员、速滑运动员
无舵雪橇	Josef Fendt	前德国雪橇冠军
冬季两项	Besseberg Ander	冬季两项和越野滑雪运动员
雪车	Ivo Ferriani	前意大利国家队队员和教练，前欧洲高级冠军赛银牌得主和意大利国家冠军
滑雪	Gian Franco Kasper	参加过高山和越野滑雪、滑冰等比赛

　　另外，特别顶尖的优秀运动员也有机会直接进入国际竞技体育组织，如 1996 年以后国际奥委会章程规定在奥运会举办期间，由所有参赛运动员投票选出的国际奥委会运动员委员会委员将直接成为国际奥委会委员。2000 年悉尼奥运会国际奥委会运动员委员票选活动选出了 8 名运动员，当选的运动员在 2008 年进入国际奥委会。我国著名乒乓球运动员邓亚萍参加了此次票选，虽然做了大量宣传工作，但很遗憾还是未能入选。这次票数最多的是 1 次奥运会金牌、6 届田径世锦赛冠军、35 次打破男子撑竿跳世界纪录，直到 2014 年 2 月 15 日还保持着国际田径室内和室外撑竿跳记录的乌克兰人布勃卡；票数第 2 的是夺得 4 次奥运会冠

军，并在 100 米自由泳项目称霸了一个年代的俄罗斯人波波夫。

7.3.3 身份地位

国际竞技体育组织需要吸收在国际上或各个国家有身份地位的人加入组织，以便提高组织在各个国家的影响力和在某些国际事务上处理的效率。另外，这些人士还可以为组织带来一定的经济支持。在国际竞技体育组织中，国际奥委会尤其注重吸纳这样的人士，其宪章规定：国际奥委会委员不超过 115 人，这 115 人包括国家奥委会代表 15 人、国际单项体育组织联合会代表 15 人、运动员代表 15 人以及有特殊资质的人士 70 人。特殊资质人士理论上占到总人数的 61%，这些有身份地位的人通常包括王室成员、政府官员、各国体育组织领导人、大型公司主席等，部分人士还有多重身份。国际奥委会委员个人情况见附录 2。国际奥委会单是王室成员就有 8 名，如表 7 - 8 所示。

表 7 - 8　国际奥委会中的王室成员

姓名	国籍	头衔
HRH Prince Nawaf Faisal Fahd Abdulaziz	沙特阿拉伯	王子殿下
HRH Prince Feisal AL Hussein	约旦	亲王
HRH Princess Haya AL Hussein	阿联酋	公主殿下
HSH the Sovereign Prince Albert II	摩纳哥	亲王
HRH Crown Prince Frederik of Denmark	丹麦	王储
HRH Prince Tunku Imran	马来西亚	王子殿下
HSH the Princess Nora of Liechtenstein	列支敦士登	公主殿下
HRH the Princess Royal	英国	公主殿下

7.3.4　人际关系

在国际竞技体育组织中的人际关系对加强沟通、增进彼此信任和了解很关键，人际关系好的人往往可以得到很多支持和比较有用的信息。

人际关系主要靠进入组织后慢慢建立和维系。人际关系有两个基础：①良好的个人品质，"言行一致""说话算话"，信誉良好并能正确处理好国家和国际竞技体育组织之间利益的人士的言语更容易被接受和认同。②感情联系，与组织成员的日常朋友间非正式沟通，更能促使价值观在潜移默化间被接受。

1993 年我国第一位当选奥运会项目国际单项体育组织主席的吕圣荣女士可以说就是这样一个让人喜欢、认同、信服和尊重的人。她最初以翻译和秘书的身份在为中国争取国际羽联席位的过程中结交了很多朋友，1981 年她以翻译身份出席国际羽联大会，这届会议决定增加一个理事，毫无思想准备的她被突然提名并获得一致鼓掌通过，谁也没有想到就是以这种形式进入国际羽联的人会一步步被推上国际羽联主席之位，并成为世界羽毛球联合会任期最长的主席。在她的任期，羽毛球被更广泛地推向世界，并成为奥运会正式比赛项目，羽协会员国从 88 个增加到 155 个。她的能力和国际羽联的业绩让人认同和信服，她的人品让人尊重，她出色的社交公关能力，更被认为是其独特的优势。北京申奥期间，她与国际奥委会委员何振梁、于再清以及国际奥委会运动员委员会委员邓亚萍奔走在一线，做出了突出贡献。

7.4　本章小结

世界体育发展初期，英国、法国、苏联和美国顺应国际体育发展方向，做出引领创新性改革，加快了世界体育演变速度，同时也使自己在国际体育价值观和话语权的竞争中取得了优势地位。这种权力优势向后来参与的国家和大洲传递需要非常长的时间，得到这种权力的国家成员也必须拥有超常的资源或能力。国际体育组织大都建立在欧洲，组织领导权欧洲国家自然居多。另外，由于一些惯例某些话语权也被垄断，如英国强势霸占国际足球理事会和国际橄榄球理事会的绝对优势地位。

经济和政策上支持举办赛事是对国际竞技体育组织最大的国家支持；保持和其他国家良好的国际关系可以间接地提高对本国在国际体育组织人员的支持；部分国际体育组织明文规定了竞技实力与投票权的关系，实力强的国家拥有更多投票权，如世界羽毛球联合会和国际冰球联合会；同一地区或国家国际体育组织成员较多，有利于小联盟的形成，同一地区或国家的国际体育组织成员容易形成统一战线，达成协议共识，并在举办城市投票、领导机构投票等事务上较相隔较远的国家有着优势，如欧盟成员、苏联解体后形成的若干国家的人员容易形成小团体。

国际竞技体育话语权主要还是通过个人来实施的，因为组织限定人数，所以对个人就有一定的条件要求，熟悉掌握官方语言是基本条件，各个国际竞技体育组织在自己宪章或规章中对此都有明文规定；体育专业知识、运动比赛经历、体育经营管理经验都是各国际单项体育组织比较看重的个人条件；组织需要吸收在国际上或各个国家有身份地位的人，以提高组织在各个国家的影响力和在某些国际事务上处理的效率，这些人士还可以为组织带来一定的经济支持；人际关系虽未明文要求，但对加强沟通、增进彼此信任和了解很关键，人际关系好的人往往可以得到很多支持和比较有用的信息。

第8章 中国国际竞技体育话语权
发展建议

如前文所分析，我国的国际竞技体育话语权目前在国际上是处在中上层次，继续发展的难度较大。根据我国的国情和某些现实不足，笔者提出几点提升我国国际竞技体育话语权的建议。

8.1 正确认识国际竞技体育话语权

8.1.1 避免话语权的狭义认识观

要获得话语权，首先要正确地认识话语权。在很多情况下，看似"吃亏"的事件并不是由于话语权的缺失导致的。如：

（1）运动员利益受损。

伦敦奥运会后，很多媒体认为中国选手受到许多不公正的待遇，而且认为这和中国缺少国际竞技体育话语权有关。如《人民日报》撰文《申诉全败要弄清玩法，话语权很重要》，搜狐体育撰文《伦敦屡遭偏见质疑，中国话语权在奥运缺失》，《北京晚报》撰文《中国体育需要国际话语权》等。其实很多话语权缺失感是不恰当的，如"吊环王陈一冰遭裁判压分而屈居亚军"。卫冕冠军、天津名将陈一冰首个出场就拿下了 15.800 分，不过他最终还是不敌最后出场、拿到 15.900 的巴西名将扎内蒂，最终只获得银牌。由于扎内蒂在落地时迈出的一步的明显失误，比赛最终的结果饱受争议。前世界体操冠军，也被人称为"吊环王"的中国人董震在做客天津某电视台节目时，该电视台将决赛时陈一冰与扎内蒂的动作进行了同一屏幕的对比播放，董震看后，面色沉重，一边摇头一边说："要是这样看两个人的动作，一冰今天输得不冤，可以说两个人的两套动作各有优势吧"。但随后他又补充道："但是巴西选手比陈一冰分数高出这么多，我是没法接受的。"①董震的观点比较客观，既承认了陈一冰输得不冤，又表示两人差距并不是很大。

（2）裁判员利益受损。

中国体操裁判邵斌涉嫌修改比赛成绩，之后，国际体操联合会裁定中国裁判邵斌在 2010 年广州亚运会上存在擅自改动分数的"欺骗"行为，并将邵斌的国际裁判等级降至第四级。很多媒体报道指出这与我国体育欠缺话语权有关，如《解放日报》的《评邵斌改分门，中国体育需要话语权》、《新京报》的《领队叶振南力挺邵斌：中国技术官员鲜有话语权》、《现代金报》的《中国裁判不受体联待见，失邵斌中国体操少话语权》、《新京报》的《叶振南力挺邵斌：中国鲜有话语权，运动员受不少屈辱》。但邵斌违规改分却是事实，而且人证物证已然齐备。其在接受华体网记者采访时表示，其被国际体联宣布违反了裁判规则并调查可能是因为中间的程序上存在不妥，就是在对分数做变动前应该先请示高级裁判组，他当时忽略了这一步。我们退一步说，就算邵斌改分不为个人利益，不是受人驱使，而是出于所谓的良知和义举，不论他的

---

① 董震：没法接受冠军赢一冰 0.1 两人动作各有千秋.［EB/OL］.中国广播网，http：//sports.cnr.cn/list/201208/t20120807_510494588.html.

动机多么纯洁神圣，他的行为都是违规和违反体育道德的。[①]但是我国一些公众人物并未自觉地主动地传达真善美的知识、价值和情感，反而引导公众盲目愤怒和抱怨。

（3）项目利益受损。

最典型的例子莫过于我们的乒乓球，从1988年汉城奥运会乒乓球首次成为正式比赛项目以来，中国队几乎垄断了这一项目的金牌。于是就出现国际乒联队规则改革、改革、再改革的局面。国内大部分人认为这是针对中国，国际乒联主席沙拉拉是想通过改规则约束中国乒乓球，于是关于竞争国际乒联话语权的呼声不绝于耳。但又该如何看待我国乒协制定"养狼计划"，选派优秀教练员和运动员到国外进行技术交流呢？这不也是对中国不利吗？其实一枝独秀的局面弊大于利，一出手就包揽奖牌，这样压倒性优势，连国人自己都看得有些腻了。奥运"瘦身计划"已盯上了乒乓球，奥运精简项目选取的标准是：全球范围内参与人数少、范围窄的；比赛缺乏观赏性的；缺乏竞争以及胜负悬念不足的；难于进行有效商业开发的。没有对手就将走向死亡，看来不是我们缺少话语权，就算国际乒联主席是中国人，也会进行一系列不让中国乒乓球一枝独秀的改革，因为只有这样，中国乒乓球的根本利益才能保住。此外，我国羽毛球、举重、跳水也有这样呼吁话语权的现象。

很多国人的弱势心理会在任何自认为权益受到侵犯时，不论是非地把自己放在弱者的一端，狭义地认为自己遭遇了不公正待遇、有预谋的迫害。这种弱势心理往往在一定程度上造成了心理上的话语权缺失感。在处理国际事务的时候，这一心理上的话语权缺失感被各种信息工具人为地放大了。对这种话语权缺失感的

---

① 刘娟.基于体育活动的定义并就功利主义伦理学视角看亚运会——以邵斌改分事件为例[J].当代体育科技，2012（11）.

心理进行分析，笔者认为有两个原因：

一是因为受不恰当爱国主义思想的影响。柏拉图的"国家即极权"的一个观点就认为以国家利益为准则，危害国家的都是不正义的、坏的、邪恶的，而推进国家利益的就是好的和善的。这种以国家利益为标尺，把狭隘民族主义当作爱国主义的思想是产生话语权缺失原因之一。

二是这种强调民族利益至上的思想，又是当代所有意识形态中最不依赖烦琐理论的意识形态，所以它传播地域广，最能抓住普通民众的心。人们在大众取向一致的时候，往往会丧失个人的良知判断力，会认为多数人的选择就是正确的，从而效仿。若媒体、部分公众人物，甚至一些专业人士也持这种态度，就会加速这种舆论思想的传播速度。在国际竞技体育方面则可以理解为遇到影响国家利益的事情，就谈我国体育缺少国际话语权，只要看到国家利益被影响了，就武断而简单地判断我国体育话语权缺失。

在竞技体育国际话语权缺失这件事上，我国部分人士对话语权的缺失进行不正确归因，认为国家利益受损即我国没有话语权，提出要增加我国在国际竞技体育组织的人数，以提高我国竞技体育的国际话语权。这部分人并没有思考：国家的利益是否都是合理利益；国际竞技体育组织大部分平权投票的机制下，绝大部分国家人数不会有差别；以国家利益为主要目的加入国际竞技体育组织是否能在当今"去政治化""去国家化"的国际竞技体育组织大环境中占有一席之地。这种不分青红皂白的思想，带有敌意的态度，即使进了国际竞技体育组织，也不会长久。

这种思想情绪化严重、非理性成分多，在某种程度上有力地鼓动着民众冲动、不理智的情绪，已造成一些消极、负面的影响。影响一：容易盲目排外，孤立自己，失去国际朋友，错失重要战略机遇期。影响二：使其他国家对中国加入国际竞技体育组织产生怀疑、警惕和防范，阻碍了中国由体育大国向体育强国转变的进程。如当国际奥委会主席罗格宣布 2013 年不再连任时，中国媒体铺天盖地的报道中国人于再清可能在之后当选，中国这种迫切心态造成了国际奥委会对中国的警觉和不满，也造成了对中国人于再清的误解。

8.1.2　积极改善话语权认识环境

改善不恰当的话语权缺失感，需要积极改善话语权的认识环境。在国际竞技赛场上，判罚和规则会有不合理的情况，但就算是不合理的情况，我们也应该多方位思考为什么出现不合理的现象，而不是一根筋似的想问题。不合理的情况可能是出自主观情况——裁判对规则误读，或是出自客观情况——客观环境的影响，如被干扰了视线等。单纯主观故意行为的不合理判罚和规则也有，但这是极少的个别现象，我们不能以偏概全，只要见到影响中国体育利益的事情，就认为是话语权缺失。只有对单纯主观故意行为影响了中国体育利益的，归因于话语权缺失感才合适。毕竟我们追求话语权，目的并不是要利用自己"朝中有人"的优势获得不正当利益，而是要更好地履行责任，维护公平公正。

另外，我国公众人物对我国民众积极引导。公众人物包括政治公众人物和社会公众人物，即政府官员、文体娱乐界明星、专家、学者、知名人士等。虽然媒体环境给予了人们更多平等的言论渠道，但不等于所有人的言论都具有相同的权利。公众人物的言论，哪怕是个人博客上的言论都会被更多地关注和传播，进而影响更多的人。所以公众人物之"名"，是一种责任。[①] 对于公众人物，真实地表达意见是自身权利，但因为不是普通发言人，所以还应履行一定的义务，应自觉主动地传达真善美的知识、价值

[①]　公众人物不要滥用话语权[J].中华文摘，2011(2)．

和情感。信息充斥的社会，需要国民理性意识的启蒙和培育，公众人物要成为理性的榜样，起"引领"作用。

中国花样滑冰队总教练姚滨曾指出，国际滑联技术委员会里缺少中国的声音是严峻的挑战之一。对此，时任国家花样滑冰裁判委员会主任、国际滑联裁判长级裁判杨家声的看法稍有不同，他认为，缺少对花样滑冰新规则的研究才是问题的核心。中国花样滑冰确实需要这种积极的应对态度。① 如果中国公众人物都能向杨家声这样传播积极的思想，那么对于我国体育实力增强将有着重要意义——"做好自己，不再怨天尤人"。

8.2 增加对国际竞技体育组织的贡献

国际竞技体育组织作为非政府的国际组织，不受政府和其他方面的干预，各方面都保持着独立性。但组织要发展就需要各方面的支持，而我国增加对国际竞技体育组织的贡献才能更好地树立在国际竞技体育组织中的形象。

8.2.1 选择性承办国际体育赛事

赛事是国际竞技体育组织的核心，高质量赛事的举办对提高项目影响力和吸引力具有重要意义。承办国际赛事需要承办国投入大量的人力、财力和物力，并不是所有的国际体育赛事都能使承办国实现其所期待的综合效益。承办意味着风险，特别是承办缺少群众基础的国家将承担很大的风险。因此，承办赛事是对国际竞技体育组织最大的贡献。部分体育组织明文规定承办赛事将

---

① 四大洲花样滑冰赛明天揭幕 中国仅有 1 名裁判执法［EB/OL］.人民网，http：//sports. people. com. cn/GB/channel19/101/20030211/136375. html.

增加在国际竞技体育组织中的投票数，如羽毛球世界联合会、国际雪车联合会、国际滑雪联合会加权投票均有此要求。2008年，我国成功举办了奥林匹克运动会，通过这一国际性体育赛事的举办，加深了国际竞技体育组织对我国的了解，加强了与国际竞技体育组织的友好关系，同年，我国推荐的一批人获得了进入国际竞技体育组织的资格。

承办国际体育赛事，对提高话语权和影响力的作用是毋庸置疑的。但国际体育赛事的举办毕竟是一个浩大的工程，相关开支和花费肯定不菲，没有节制和选择地举办国际体育赛事也是不可取的，有生命力、可持续性的发展才是我国申办国际体育赛事的基础性原则。因此，根据我国国情，可以有选择性地承办一些国际体育赛事。这样，既为国际竞技体育组织做出了贡献，又能通过对比赛的承办提高我国的国际影响力，提高相应体育项目的竞技水平和群众体育的普及水平，并带动相关经济的发展。

8.2.2　侧重性支援他国体育发展

国际竞技体育组织的组织目标之一就是项目的推广和普及，因此支援其他国家体育的发展也是为国际竞技体育组织做贡献的形式之一。

经济比较落后的国家，由于受场地和设备的限制，能开展的体育项目不多。因此在援助这类国家时，中国可以在竞技体育强项上对场地器材、运动设备给予援助，或资助部分经济落后国家的教练员和运动员到我国来观摩或参加训练。对于经济比较发达的国家，则可以派出教练员和运动员指导和协助他们进行运动训练。实际上，在援助的过程中，我们可以求同存异、广交朋友，力争赢得世界最广泛的支持。

项目的普及和受众喜欢的程度直接关系着奥运会的市场份额，因此国际奥委会把此项作为奥运会项目重要的选拔标准之一。项目越普及，进入奥运会的机会就越大。韩国的跆拳道之所以能进入奥运会项目，与韩国在世界范围内开办跆拳道馆并免费授课有着直接的关系，这正是我国武术可以学习借鉴的。另外，我国的若干梦之队战无不胜，没有对手，挫伤了其他国家对这些项目参与的积极性，会直接影响这些项目的普及度。因此我国可以兼顾这两点有所侧重地支援他国体育发展。这样做，一是可以争取在奥运新项目中以创始国的优势获得话语权；二是可以在我国的较强项目中保持话语权；三是我国派出的，特别是在英语国家的教练员和运动员可以通过支援提高外语听说能力。

8.3　提高在国际竞技体育组织的公信力

8.3.1　尽责服务国际竞技体育组织利益

不论是经国家推荐，还是个人选拔进入国际竞技体育组织，都应该尽职尽责为组织利益服务。只有为组织做出了突出贡献，才能在组织中被认同，才有公信力。国家后期推荐的人员会因为前期人员建立的公信力而获得信任，进入国际竞技体育组织也会相对容易些。

吕圣荣能得到拥护，并成为国际羽联担任主席时间最长的人，除了出色的社交能力外，还在于她尽职尽责于羽毛球运动的国际推广和普及。她与国家奥委会团结基金合作，连续 7 年从中获得经费资助，用于世界各地组织青少年训练班、教练培训班，并购买器材等物资帮助拉美、非洲和欧洲等羽毛球不发达国家开展这项活动，积极与各国国家奥委会联系，提高羽毛球项目在各国的地位。在她的努力下，国际羽联的会员国在她的任期从 88 个增加到 155 个。

原北京体育大学校长马启伟先生是国际排球界的传奇人物。1984 年，马启伟先生成为国际排联规则委员会主席，而后的几十年里，马启伟先生领导发动了一系列的排球运动改革，其中包括对世界排球影响深远的每球得分制改革、自由第 6 人制度改革、允许使用脚踢球等。这一系列的改革增加了比赛的观赏性，国际排联在马启伟先生年事已高不得不退休时，做出了 4 年不修订规则的决定。马启伟先生也因为对国际排球运动做出的突出贡献而被世人铭记和尊敬。

8.3.2　公正处理组织和国家间的利益

魏纪中先生出任国际排球联合会主席一职时就说过不会对中国有任何的偏袒行为，随后魏纪中先生也就国家利益对外表示，"我们往往有使国际竞技体育组织做出对我国有利的决定的想法，但应有一个前提，就是不损害其他国家协会的利益，不违背其他协会的愿望"。2004 年 10 月，黄力平在国际体操联合会技术委员会换届选举中当选为新委员，他在接受采访时说："朝中有人，对一个国家来说，好处不言而喻。这并不是要国际体联偏袒中国队，只不过是要使中国队所处的环境更公平一些"。

尽责服务国际竞技体育组织利益固然能够提高在组织中的公信力，但公正处理国际竞技体育组织和国家间的利益，在组织利益和国家利益有冲突时，选择维护组织利益更能获得公信力。这种选择并不是对国家的背叛，而是适应国际规则；这种举措增强了我国人员在国际竞技体育组织中的公信力，既是一种良好职业道德的体现，也是对我国长远利益的一种支持。

国际政治环境复杂，各种利益纠葛，任何对话语权的滥用都会授之以柄，使我国在组织中和组织间的形象受损，也很容易成为受到排斥的正当理由。只有真正地从国际竞技体育组织的发展出发，公正地处理好组织和国家间的利益关系，使组织在新的历史环境下不断发展，才能树立我国在国际竞技体育组织中的公信力，进而为我国后续人员的加入奠定良好的信誉基础。

8.4　针对性选材和输送组织需要人才

从附录2国际奥委会委员个人基本情况和各国际竞技体育组织机构人才招聘情况来看，国际竞技体育组织需要的人基本都属于复合型人才。复合型人才指在某一具体方面出类拔萃，在其他方面也具有一定能力的人士。部分英语类国家的运动员攻读或已有政治、管理、法律或教育等学位，在比赛后或退役后可以从事不同的职业，如律师、教师、政府官员、企业员工等。这类人才进入组织优势明显，一是熟悉体育项目，有着比赛经验，在组织中有一定知名度和影响力；二是专业优势，有经济、管理等知识或职业背景；三是可以顺利地通过语言关。

但是根据我国的国情和体育体制，只能在现有人才专业特长上进行其他复合能力的培养。我国进入国际竞技体育组织的人员主要有几种类型：国际社会知名人士、政府官员、运动员、外语或管理等专业人才，而可以由国家直接培养的且基数比较大的主要是优秀运动员。

8.4.1　以优秀运动员为培养对象

随着国际竞技体育组织的发展，优秀运动员加入国际竞技体育组织的比例不断上升。如附录2，国际奥委会现任委员107人，完全没有体育职业或实践经历的只有7人。特别是2013年和2014年这两年中，国际奥委会新进委员共16人，仅世界冠军就有10人。

理论上，优秀运动员较其他几类人员在进入国际竞技体育组织上应该更有优势，国家级以上运动员语言和管理等能力可以在运动生涯结束后专门培养，而运动经历和运动项目上的影响力和知名度却不是政府体育官员和其他专业人才可以在从事其他职业后又通过培训获得的。实际上，我国运动员进入国际竞技体育组织的却比不上后两者，如表 8 - 1 所示，拥有优秀运动员经历的只有 3 人。

表 8 - 1　我国在 35 个奥运单项体育组织领导机构任职人员情况

序号	国际竞技体育组织	姓名	任职或曾任职	教育经历	运动员经历
1	体操	罗超毅	国家体育总局田径运动管理中心主任	武汉体院学士、北京体育大学硕士	
2	足球	张吉龙	中国足球协会副主席	北京第二外国语学院学士和硕士	
3	羽毛球	刘凤岩	国家体育总局乒乓球羽毛球运动管理中心党委书记兼主任	北京体育大学学士，羽毛球专业	
3	羽毛球	李玲蔚	国家体育总局乒羽运动管理中心副主任	北京体育大学何振梁的博士生，后出国留学深造	1983 年、1986 年、1987 年羽毛球世界杯赛冠军

续表 8 - 1

序号	国际竞技体育组织	姓名	任职或曾任职	教育经历	运动员经历
4	排球	蔡毅	国家体育总局排球运动管理中心竞赛部主任		
5	乒乓球	施之皓	中国乒乓球学院院长，上海体育学院院长	河北师范大学体育教育学士，1986年10月至1996年7月，赴日本和德国留学、执教	1980年，印度亚锦赛，男单、男团冠军，男双亚军
6	篮球	徐岚	国家体育总局篮球运动管理中心综合部部长	翻译	
7	游泳	张秋平	国家体育总局游泳运动管理中心副主任		
8	田径	杜兆才	国家体育总局田径运动管理中心主任	沈阳体育学院学士、伊州理工大学硕士	
9	射箭	高志丹	国家体育总局射击射箭运动管理中心主任	北京体育大学学士	
10	射击	李峰	国家体育总局射击射箭运动管理中心副主任		

续表 8 - 1

序号	国际竞技体育组织	姓名	任职或曾任职	教育经历	运动员经历
11	击剑	王伟	国家体育总局自行车击剑运动管理中心主任		
12	举重	马文广	国家体育总局举重摔跤柔道运动管理中心主任	1984 年 2 月他赴苏联进行学习训练，1987 年山东体育学院本科班	称雄亚洲 10 年，获国内外重要比赛金牌 40 多枚
13	皮划艇	LUK Wai Hung			
14	赛艇	刘爱杰	水上运动管理中心副主任，国家体育总局竞体司副司长		
15	帆船	李泉海	中国帆船帆板运动协会副主席		
		Karl C Kwok			
16	现代五项	Shiny Fang	1999—2006 中山大学花样游泳和健美操教练		
17	冰球	Thomas Wu	香港合和实业有限公司董事总经理，2007 年建立香港冰球学院		
18	滑冰	Lan Li			

可以看出，运动员进入国际竞技体育组织最大的壁垒就是语言关，我国与这3人有同样或者更优秀成绩的人还很多，但语言不通，难以在国际竞技体育组织与人沟通，难免有抓瞎的感觉。2011年5月鹿特丹世乒赛落幕后，上海名将王励勤虽以高票当选国际乒联运动员委员会主席，但却主动让位于白俄罗斯老将萨姆索诺夫，可能就有这一方面的顾虑。上述3人除了担任政府体育官员外，无一例外都有出国求学的经历，特别是施之皓在日本和德国留学和执教长达10年。李宁2001年捐资10万美元成立运动员教育基金，其中的一项工作，便是为运动员进行免费英语培训。周继红能当选国际泳联运动员委员会主席也受益于2004年度李宁培训计划。鄂洁能应聘成为国际击剑联合会唯一的中国雇员，与她的综合能力是分不开的，其中一点就是她是中国很少能同时掌握英语和法语两门外语的运动员之一，这是她在法国留学执教的几年里培养出来的语言能力。

综上，以优秀运动员为对象的培养，可以着重在运动员退役后单独提供资助和渠道在英语国家进行再深造或执教方面。

8.4.2 针对性输送组织需要人才

国际竞技体育组织机构中包括代表大会、领导机构、专门委员会和行政管理机构。不同的机构不但需要的人才才能有所不同，人才进入的方式也有所区别。代表大会主要注重代表性，由各会员国推荐或组织选派在各国有影响力的人士。领导机构和专门委员会基本通过选举产生这些代表，我国在这方面基本能选择适当的人选，但这里着重提的是针对性输送组织需要人才也可通过进入行政管理机构参与其中。

代表大会、领导机构、专门委员会对个人影响力要求比较高，且人数有限定，在平权制度下，各个国家进入组织的人数差别不会太大。但行政管理机构却不同，行政管理人员主要负责组织的日常管理工作，组织日常工作主要是对个人能力的需求，而且人数是根据组织和运行赛事的大小来确定的。如国际奥委会和国际足球联合会的行政管理人员远远超过代表大会等机构，这些成员包括经济类人才、管理类人才、法律类人才等众多类型，且为带薪人员。在代表大会等机构无法进入更多成员时，选择通过行政管理机构来获取组织信息、锻炼人才无疑是一条捷径。在行政管理机构一样能够有话语权，我国的鄂洁就是非常好的例子。截至 2008 年，她是国际击剑联合会历史上唯一的 1 名中国雇员，也是唯一的 1 名在国际奥委会 35 个单项体育组织工作的中国籍高级雇员。2008 年作为竞赛部总监，北京奥运会击剑裁判都归她管理。

另外，国际竞技体育组织代表大会等机构几年才有进入的机会，而行政管理机构不同，部分组织特别是较大的国际竞技体育组织会不定时发布人才招聘信息。如 2014 年 3 月国际足联发布招聘，需要 2 名法律顾问。而国际奥委会在 2014 年 5 月发布公告，指出需要招聘 1 名奥运研究中心服务和访问的协调员、2 名实习生、2 名专门技术员、1 名总干事的行政助理以及 1 名技术和内部信息部的系统管理员。

8.5　本章小结

提升话语权应避免话语权的狭义认识观，很多情况下，看似"吃亏"的事件并不都是由于话语权的缺失导致的。很多国人的弱势心理会在任何自认为是权益受到侵犯时，不论是非把自己放在弱者的一端，狭义地认为自己遭遇了不公正待遇、有预谋的迫害，这种弱势心理往往在一定程度上造成了心理上的话语权缺失感。在处理国际事务的时候，这一心理上的话语权缺失感被各种信息工具人为地放大了。改善不恰当的话语权缺失感，需要积极改善话语权认识环境。

国际竞技体育组织作为非政府的国际组织，不受政府和其他方面的干预，各方面都保持着独立性。但组织要发展就需要各方面的支持，而我国只有增加对国际竞技体育组织的贡献才能更好地树立在国际竞技体育组织的形象，我国可以选择性承办国际体育赛事，侧重性支援他国体育发展。

不论是经国家推荐，还是个人选拔进入国际竞技体育组织，都应该尽职尽责为组织利益服务，公正处理组织和国家间利益关系，只有这样才能被组织认同，才能在组织中建立起公信力。国家后期推荐的人员也会因为前期人员建立起的公信力而获得信任，进入国际竞技体育组织也会相对容易些。

代表大会、领导机构、专门委员会对个人影响力要求比较高，且人数有限定，在平权制度下，各个国家进入组织的人数差别不会太大。但行政管理机构却不同，行政管理人员主要负责组织的日常管理工作，组织日常工作主要是对个人能力的需求，而且人数是根据组织和运行赛事的大小来确定的。如国际奥委会和国际足球联合会的行政管理人员远远超过代表大会等机构，这些成员包括经济类人才、管理类人才、法律类人才等众多类型的人才，在代表大会等机构无法进入更多成员时，选择通过行政管理机构来达到获取组织信息、锻炼人才的目的无疑是一条捷径。

结　论

第一，国际竞技体育话语权是以竞技运动为主的国家或地区之间交往活动中的一种特定的权力。这种权力仅存在于国际竞技体育组织当中，产生于国际竞技体育事务管理之中，反映的是交往活动中所处决策地位的不对称关系。

第二，体育全球化是一个逐步发展演进的过程，它改变了体育项目在单个国家范围开展的传统，造就了对国际体育事务进行专门管理的国际竞技体育组织，并在对国际体育事务管理和交往过程中细分了管理领域。可以看出，对国际体育事务的管理是国际竞技体育话语权的来源，国际竞技体育话语权集中于国际竞技体育组织机构之中。

第三，各种体育赛事是国际竞技体育话语权最突出的表现平台，赛事中的具体事务的管理即组织职能权力是国际竞技体育话语权最突出的表现内容，包括竞赛城市的确定权、竞赛项目的确定权、项目规则的制定与修改权、竞赛结果的判定权、项目规则的解释权、国际体育争议的仲裁权。

第四，在组织中拥有决策地位即拥有话语权，决策地位是国际竞技体育话语权最直接的衡量标志，组织中的决策地位受组织结构和组织决策方式的制约。

从国际竞技体育组织结构看，无论是进入代表大会、行政管理机构或专门委员会都有一定的决策地位，即都有一定的国际竞技体育事务管理的权力。但不同机构的决策地位有所区别，代表大会法律上是最高权力机构，其表面上是进行民主选举，实行集体决策，实质上却是以主要领导人的意志为转移的。代表大会如同公司组织结构下的股民大会，仅是名义上的权力机构。另外，只要是会员国，就有会员国代表，在大多数国际竞技体育组织采用平权投票制度情况下，各会员国代表无压倒性的决策权，且代表大会召开次数少，在不十分透彻了解议案或是迫于压力等因素影响下，会员国代表的决策易被组织中的领导机构所操控。代表大会休会期间，领导机构负责日常工作的管理、监督和决策。行政管理机构和专门委员会都是在领导机构如执委会或中央局的领导下开展工作的机构，行政管理机构主要执行领导机构的决策，负责日常具体事物的处理。专门委员会由国际竞技体育组织领导机构根据需要组建，作为专家性和任务性的辅助机构，处理专门性问题和提供专业性咨询意见。因此，国际竞技体育组织中影响力最大的决策机构是领导机构，领导机构在国际竞技体育组织中处于决策地位。

从国际竞技体育组织决策方式看，在采用加权投票的国际竞技体育组织当中，符合这些组织加权标准和条件的会员国和地区将拥有更多票数，这意味着它们将拥有更高的决策地位；加权需要考虑对组织的贡献、项目发展水平、项目发展规模、项目参与的积极性等因素。在采用非加权不平等投票的国际竞技体育组织当中，受历史因素影响，个别国家霸道的占有垄断性的决策地位。在采用平权投票的国际竞技体育组织中，会员一人一票，决策地位没有差别，在这种情况下，支持话语的会员数量决定了话语权大小。若话语要得到其他会员支持，则必须考虑集体认同、他人利益、普世文化和价值观等因素。秘密表决只显示表决结果，不显示表决人的态度，更易表达出投票人的真实意愿，更需考虑影响话语认同的各因素。公开表决受到领导机构强势影响，常违背自己意愿投票，领导机构较一般成员决策地位明显要高些。多数通过方式需要注意满足大多数成员的利益，协商一致多用于领导机构人数不多的日常讨论，因此在领导机构中任职将拥有更多的话语权。

第五，国际竞技体育组织中的个人合作是为了追求共同的组织目标利益，在这种相互依赖的环境下，个人也会有各种的利益，其中国家利益就是个人不得不注重的利益。很多人在维护组织利益的同时，会使组织行为朝着有利于实现自己国家利益的方向而努力。国际竞技体育组织的组织形式一般为两种：一是会员国代表制；二是逆向代表制，这两种组织形式都带有国家属性。

参与率较高的国家主要是区域性大国(美国、英国、俄罗斯、澳大利亚、法国、意大利、加拿大、西班牙、中国、日本、韩国、埃及、德国)和竞技体育强国(美国、中国、英国、俄罗斯、韩国、德国、法国、意大利、澳大利亚、日本)，参与率排前 10 位的共有 14 个国家，分别是美国、英国、俄罗斯、澳大利亚、法国、意大利、加拿大、西班牙、中国、瑞士、日本、韩国、埃及、德国。从地区来看，欧洲国家参与率最高，占 46.43%。亚洲和美洲次之，非洲和大洋洲参与率最低。

各国参与领导机构人数最多的组织数中，排前 6 位的共有 12 个国家，分别是英国、美国、俄罗斯、法国、加拿大、中国、意大利、澳大利亚、瑞士、韩国、西班牙、日本。从地区分布来看，欧洲地区占绝对优势，35 个组织里有 31 个的领导机构人数都是最多，达到 89%。

在 35 个国际单项体育组织中，担任主席最多的国家依次是意大利、瑞士、英国、西班牙、德国、法国。从地区来看，欧洲地区最多，有 25 人，占 71%；其次是亚洲地区和美洲地区，各有 4 人，占 11%；非洲地区有 2 人，占 7%。

各国的国际奥委会委员数量并不均等，有 3 ~ 5 名委员的国家共有 8 个，依次是瑞士、英国、俄罗斯、美国、中国、西班牙、法国、意大利。从地区来看，欧洲委员比例最高，占 40%（43人）、美洲委员占 19%（20 人）、亚洲委员占 23%（25 人）、非洲委员占 13%（14 人）、大洋洲委员占 5%（5 人）。国际奥委会执委会 15 名执委中，只有德国有 2 名执委，排第 1 位。从地区上看，欧洲有 8 人，超过总数的一半。

欧洲国家和地区人员在国际竞技体育组织中占有绝对优势。中国人在国际竞技体育组织领导机构任职情况在世界范围来说处于优势，比中国人在国际竞技体育组织中更占优势的国家不多，基本上只有英国、美国、俄罗斯。和亚洲其他国家相比，中国在国际奥委会和夏季奥运会项目的国际竞技体育组织强势地排在首位，但在冬季奥运会的国际竞技体育组织中的参与率较低。另外，在全球最有影响的 36 个国际竞技体育组织中，目前中国无一人担任主席，这是中国人在国际竞技体育组织领导机构中有待提升的地方。

第六，世界体育发展初期，英国、法国、苏联和美国顺应国际体育发展潮流，做出引领创新性改革，加快了世界体育演变速度，同时也使自己在国际体育价值观和话语权的竞争中取得了优势地位。这种权力优势向后来参与的国家和大洲传递需要非常长的时间，得到这种权力的国家成员也必须拥有超常的资源或能力，国际体育组织大都建立在欧洲，组织领导权欧洲国家自然居多。另外，由于一些惯例致使某些话语权被垄断，如英国强势霸占国际足球理事会和国际橄榄球理事会的绝对优势地位。

经济和政策上支持举办赛事是对国际竞技体育组织最大的国家支持；保持和其他国家良好的国际关系可以间接地提高对本国在国际体育组织人员的支持；部分国际体育组织明文规定了竞技实力与投票权的关系，实力强的国家将有更多投票权，如世界羽毛球联合会和国际冰球联合会；同一地区或国家国际体育组织成员较多，有利于小联盟的形成，在同一地区或国家的国际体育组织成员容易形成统一战线，达成协议共识，比在举办城市投票、领导机构投票等事务上较相隔较远的国家有着优势，如欧盟等国家、苏联解体后形成的若干国家的人员容易形成小团体。

国际竞技体育话语权主要还是通过个人来实施的，组织限定人数，所以对个人就有一定的条件要求，熟悉掌握官方语言是基本条件，各个国际竞技体育组织在自己宪章或规章中对此都有明文规定；体育专业知识、运动比赛经历、体育经营管理经验都是各国际单项体育组织比较看重的个人条件；组织需要吸收在国际上或各个国家有身份地位的人，以便提高组织在各个国家的影响力，提高组织在国际上某些事物处理的效率，这些人还可以为组织带来一定的经济支持。人际关系虽未明文要求，但对加强沟通、增进彼此信任和了解很关键。

第七，提升话语权应避免话语权的狭义认识观，很多情况下，看似"吃亏"的事件并不都是由于话语权的缺失导致的，很多国人的弱势心理会在任何自认为权益受到侵犯时，不论是非地把自己放在弱者的一端，狭义地认为自己遭遇了不公正待遇、有预谋的迫害。这种弱势心理往往在一定程度上造成了心理上的话语权缺失感，在处理国际事务的时候，这一心理上的话语权缺失感被各种信息工具人为的放大了，而改善不恰当的话语权缺失感，需要积极改善话语权认识环境。

国际竞技体育组织作为非政府的国际组织，不受政府和其他方面的干预，各方面都保持着独立性。但组织要发展就需要各方面的支持，而我国只有增加对国际竞技体育组织的贡献才能更好地树立在国际竞技体育组织的形象。我们可以选择性地承办国际体育赛事，侧重性地支援他国体育发展。

不论是经国家推荐，还是个人选拔进入国际竞技体育组织，都应该尽职尽责地为组织利益服务，公正地处理组织和国家间的利益关系，只有这样才能被组织认同，才能在组织中建立起公信力，而国家后期推荐的人员也会因为前期人员建立起的公信力而获得信任，进入国际竞技体育组织也会相对容易些。

代表大会、领导机构、专门委员会对个人影响力要求比较高，且人数有限定，在平权制度下，各个国家进入组织的人数差别不会太大。但行政管理机构却不同，行政管理人员主要负责组织的日常管理工作，组织日常工作主要是对个人能力有需求，而且人数是根据组织和运行赛事的大小来确定的。如国际奥委会和国际足球联合会的行政管理人员远远超过代表大会等机构，这些成员包括经济类人才、管理类人才、法律类人才等众多类型的人才，在代表大会等机构无法进入更多成员时，选择通过行政管理机构来达到获取组织信息、锻炼人才的目的无疑是一条捷径。

本书不足之处和后续研究

　　国际竞技体育话语权的研究在我国还处于起步的经验研究阶段，相关研究缺乏理论支撑，也缺乏国际数据和资料，在此情况下，本书探索性地对国际竞技体育话语权进行了初步的理论研究和实证研究，由于时间有限和相关数据收集确实存在困难，本书在以下方面还存在不足，有待后续研究，希望本书能够抛砖引玉，引起更多国内学者对国际竞技体育话语权的关注。

　　（1）研究方法方面，需要增加国际体育组织官员的访谈和我国国际竞技话语权有关事件的个案研究。

　　（2）研究内容方面，仅对能直接测量的国际竞技体育组织领导机构做了深入研究，对影响话语效力的集体认同、普世文化和价值观等难以衡量的因素研究还有待加强。

参考文献

书籍

[1] 埃哈尔·费埃德伯格.权力与规则——组织行动的动力[M].张月,等,译.上海:上海人民出版社,2008.

[2] 柏依姆.当代政治理论[M].李黎,译.北京:商务印书馆,1990.

[3] 戴维·赫尔德,等.全球大变革:全球化时代的政治、经济和文化[M].杨雪冬,等,译.北京:社会科学文献出版社,2001.

[4] 戴维·赫尔德,等.治理全球化:权力、权威与全球治理——全球化论丛[M].曹荣湘,龙虎,等,译.北京:社会科学文献出版社,2004.

[5] 邓树勋,等.大学公共体育课系列教材——体育基本理论教程[M].北京:高等教育出版社,2004.

[6] 费爱华.营销场的建构:一种人际传播的视角[M].北京:中国传媒大学出版社,2009.

[7] 费安玲.民法总论[M].北京:高等教育出版社,2011.

[8] 高坤.早上3分钟,轻松提升个人影响力[M].北京:北京理工大学出版社,2011.

[9] 高尚涛.国际关系的权力与规范[M].北京:世界知识出版社,2009.

[10] 哈贝马斯.在事实与规范之间[M].童世骏,译.北京:生活·读书·新知三联书店,2003.

[11] 胡新民,等.历届亚运会集锦[M].北京:中国奥林匹克出版社,1990.

[12] 孔庆茵.国际体系视角下的世界秩序研究[M].北京:中国社会科学出

版社，2011.

[13] 李友梅.组织社会学及其决策分析[M].上海：上海大学出版社，2003.

[14] 梁守德，等.全球化与和谐世界[M].北京：世界知识出版社，2007.

[15] 刘建成.第三种模式：哈贝马斯的话语政治理论研究[M].北京：中国社会科学出版社，2007.

[16] 刘学义.话语权转移：转型时期媒体言论话语权实践的社会路径分析[M].北京：中国传媒大学出版社，2008.

[17] 卢静.对外开放—国际经验与中国道路[M].北京：世界知识出版社，2011.

[18] 陆少华.权力社会学[M].哈尔滨：黑龙江人民出版社，1989.

[19] 马克斯·韦伯.经济与社会（上）[M].林荣远，译.北京：商务印书馆，1997.

[20] 尼科斯·波朗查斯.政治权力与社会阶级［M］.叶林，译.北京：中国社会科学出版社，2003.

[21] 倪世雄，等.当代西方国际关系理论[M].上海：复旦大学出版社，2001.

[22] 庞德.奥林匹克内幕[M].屠国元，等，译.长沙：湖南文艺出版社，2006.

[23] 庞中英.中国学者看世界——全球治理卷［M］.北京：新世界出版社，2007.

[24] 全国体育院校教材委员会.奥林匹克运动［M］.北京：人民体育出版社，2006.

[25] 邵鹏.全球治理：理论与实践[M].长春：吉林出版集团有限责任公司，2010.

[26] 盛文林.最经典的体育常识[M].北京：台海出版社，2011.

[27] 舒盛芳.体育全球化[M].杭州：杭州出版社，2012.

[28] 孙宽平.全球化与全球治理[M].长沙：湖南人民出版社，2003.

[29] 庹继光.奥林匹克传播论[M].成都：巴蜀书社，2007.

[30] 王爱冬.权力与西方国际关系理论[M].北京：中国社会科学出版社，2010.

[31] 王岗.体育的文化真实[M].北京：北京体育大学出版社，2007.

[32] 王杰，等.全球治理中的国际非政府组织[M].北京：北京大学出版社，

2004.

[33] 王铁军.全球治理机构与跨国公民社会[M].上海：上海人民出版社，2011.

[34] 文心.亚运——观摩"竞赛""预测"天气[M].北京：气象出版社，1990.

[35] 项立敏.现代奥林匹克运动[M].徐州：中国矿业大学出版社，2005.

[36] 肖林鹏.现代体育管理[M].北京：北京体育大学出版社，2009.

[37] 颜绍泸.竞技体育史[M].北京：人民体育出版社，2006.

[38] 英瓦尔·卡尔松，什里达特·兰法尔.天涯成比邻——全球治理委员会的报告[M].赵仲强，李正凌，译.北京：中国对外翻译出版公司，1995.

[39] 俞可平.民主与陀螺[M].北京：北京大学出版社，2006.

[40] 詹姆斯·多尔蒂，等，著.争论中的国际关系理论[M].阎学通，等，译.北京：世界知识出版社，2003.

[41] 詹姆斯·托马，劳伦斯·查里普.国际体育管理[M].王艳，译.北京：人民体育出版社，2002.

[42] 张贵洪.国际组织与国际关系[M].杭州：浙江大学出版社，2006.

[43] 张恒山.法理要论[M].北京：北京大学出版社，2009.

[44] 张厚福.体育法学概要[M].北京：人民体育出版社，2005.

[45] 张金桥.奥林匹克运动[M].西安：陕西人民教育出版社，2006.

[46] 张生会.体育组织（一）[M].呼和浩特：内蒙古人民出版社，2006.

[47] 张新锋.专利权的财产权属性[M].北京：华中科技大学出版社，2011.

[48] 赵可金.软战时代的中美公共外交[M].北京：时事出版社，2011.

[49] 赵磊.走近权力[M].北京：团结出版社，1996.

[50] 郑安光.从国际政治到世界社会[M].南京：南京大学出版社，2009.

[51] 郑杭生.社会学概论新修（第三版）[M].北京：中国人民大学出版社，2006.

[52] 中国法学会体育法学研究会.追寻法治的精神——中国法学会体育法学研究会2005—2010[M].北京：人民体育出版社，2011.

[53] 周丕启.合法性与大战略：北约体系内美国的霸权护持[M].北京：北京大学出版社，2005.

[54] 周西宽.体育基本理论教程[M].北京：人民体育出版社，2004.

[55] Michel Foucault. Discipline and Punish：The Birth of the Prison（Trans. AlanSheri—dan）[M]. NewYork：Vintage，1977.

[56] Robert Gilpin. A Realist perspective On International Governance in David Held & Anthony[M]. London：London Polity Press，2002.

[57] Suan Strange. The Retreat of the State：The Diffusion of Power in the World Economy[M]. London ：Cambridge University Press，1996.

[58] The Commission on Global Governance. Our Global Neighborhood ［M］. Oxford：Oxford University Press，1995.

[59] The Commission on Global Governance. Our Global Neighborhood[M]. Oxford ：Oxford University Press，1995.

论文

[1] 陈力丹，梁雨晨.向世界说明中国——论中国的国际话语权问题及策略[J].新闻传播，2010，26(11)：11 – 13.

[2] 陈玉刚.提升中国国际话语权方略[J].学习月刊，2011，26（1）：21 – 22.

[3] 邓星华，黄彦军.体育全球化的西方化倾向[J].广州体育学院学报，2003，23(4)：5 – 9.

[4] 冯广艺.论话语权[J].福建师范大学学报(哲学社会科学版)，2008，55（4）：54 – 59.

[5] 黄亚玲，马国英.体育全球化的文化反思[J].山东体育学院学报，2001，17(2)：7 – 10.

[6] 江涌.中国要说话，世界在倾听——关于提升中国国际话语权的思考[J].红旗文稿，2010，2(5)：4 – 8.

[7] 姜熙.体育法治全球化的典型例证与法理分析[J].体育学刊.2012（19）：30 – 36.

[8] 李芳田，等.全球治理论析[J].南开学报(哲学社会科学版)，2009，55（6）：86 – 92 + 125.

[9] 梁凯音.论中国拓展国际话语权的新思路[J].国际论坛，2009，20(3)：43 – 47.

[10] 林泰.WTO会议选票交易的经济学分析[J].理论探讨，2010，27(2)：

75 – 78.

[11] 刘少轩.发展中国家在多边贸易体制中的话语权分析[D].北京：外交学院，2007.

[12] 刘占鲁.体育全球化：冲突与融合[J].体育学刊，2012，19（4）：26 – 29.

[13] 莫勇波.论话语权的政治意涵[J].中共中央党校学报，2008，12（4）：105 – 107.

[14] 潘兵.全球化体育传播的途径[J].体育成人教育学刊，2004，20（6）：32 – 33.

[15] 乔夏阳，鲁宽民.马克思主义中国化与中国国际话语权研究[J].齐齐哈尔大学学报（哲学社会科学版），2010，39（6）：30 – 32.

[16] 曲毅，孙世明.体育运动的全球化[J].体育学刊，2002，9（6）：1 – 4.

[17] 任海.论体育强国的国际影响力[J].中国体育科技，2010，46（01）：3 – 9 + 18.

[18] 沈宇鹏.国际竞技体育组织机构研究[J].体育文化导刊，2011，12（8）：15 – 18 + 21.

[19] 沈宇鹏.论国际竞技体育组织的表决制度[J].体育文化导刊，2010，11（11）：29 – 32.

[20] 舒盛芳，等.体育全球化的动力[J].上海体育学院学报，2007，31（1）：15 – 18 + 22.

[21] 孙葆洁，等.国际奥委会的"逆向代表"制[J].中国学校体育，1996，16（04）：71 – 72.

[22] 托尼·麦克格鲁.走向真正的全球治理[J].马克思主义与现实，2002，13（1）：33 – 42.

[23] 王晓升.政治权力与交往权力——哈贝马斯对于民主国家中权力结构的思考[J].苏州大学学报（哲学社会科学版），2007，102（3）：6 – 11.

[24] 徐进.政治操作、理念贡献能力与国际话语权[J].绿叶.2009（5）：18 – 21.

[25] 阳煜华.国际奥委会在全球治理中的作用[J].体育学刊，2008，15（5）：18 – 21.

[26] 杨桦.2008年北京奥运会对提升中国国际地位和声望的研究[J].体育科学.2006（26）：3 – 6.

［27］俞可平. 全球治理引论［J］. 马克思主义与现实，2001，12（1）：20 - 32.

［28］张健. 话语权的解释框架及公民社会中的话语表达［J］. 湖南行政学院学报，2008，10（5）：85 - 87.

［29］张路. 我国国际体育组织任职人才队伍状况及对策［J］. 沈阳体育学院学报，2010，29（4）：22 - 24 + 30.

［30］张睿蕾. 中国模式——提升中国国际话语权的机遇［J］. 南京理工大学学报（社会科学版），2012，25（3）：30 - 34.

［31］张晓义. 新时期中国体育国际发展战略研究的探讨［J］. 成都体育学院学报，2009，35（11）：17 - 20.

［32］张学飞. 论国际体育组织与国家间关系［D］. 北京：北京体育大学，2004.

［33］张学飞. 全球化进程中的东方体育文化［J］. 铜仁师范高等专科学校学报，2003，5（3）：58 - 61.

［34］张志洲. 和平崛起与中国的国际话语权战略［J］. 今日中国论坛，2012，8（8）：14 - 17.

［35］张志洲. 话语质量：提升国际话语权的关键［J］. 红旗文稿，2010，2（14）：22 - 24.

［36］张志洲. 中国国际话语权的困局与出路［J］. 绿叶，2009，18（5）：76 - 83.

［37］周丕启，等. 国际关系中的国家权力［J］. 国际论坛，2004，15（6）：47 - 52 + 80.

［38］Gerry Stoker. Governance as Theory：Five Propositions［J］. International Social Science. 1998. 3：18 - 28.

［39］Gupta, Amit. The Globalization of Sports, the Rise of Non - Western Nations, and the Impact on International Sporting Events［J］. The International Journal of the History of Sport, 2009.

［40］J. N. Rosenau. Governance in the twenty - first Century［J］. Global Governance, 1995（1）：13 - 17.

［41］Thibault, Lucie. Globalization of Sport：An Inconvenient Truth［J］. Journal of Sport Management. 2009.

［42］Y. Aytül Dağlı Ekmekçi；Rıdvan Ekmekçi；Ayşe irmiş. Globalization And The Sports Industry［J］. Pamukkale Journal of Sport Sciences. 2009.

附录1 国际奥委会和35个奥运项目国际竞技体育组织领导机构成员情况

（整理自各国际竞技体育组织官网，截止日期**2014**年**2**月**6**日）

（1）国际体操联合会。

国际体操联合会共有135个会员国。领导机构包括执委会和理事会。执委会成员共25名。由1名主席、3名副主席、7名委员、7名专门委员会委员、4名大洲联合会主席（UEG——欧洲体操联盟、UAG——非洲体操联合会、PAGU——泛美体操联盟、AGU——亚洲体操联盟）、1名运动员委员会主席、1名秘书长、1名副秘书长。理事会共21人，负责协会总的方向、规划事务等，理事会包括执委会成员共46名。执委会负责日常工作、监督联合会章程和规则的实施、准备代表大会、研究协会会员建议。

参与领导机构的会员国有34个，占会员国总数比例为25%。法国排第1位，有3名成员。德国、俄罗斯、芬兰、瑞士、美国、委内瑞拉、卡塔尔并列第2位，各有2名成员。中国等26个国家并列第3位，各有1名成员。

按大洲来看，欧洲20人，以47%的比例遥遥领先于其他大洲。美洲8人，亚洲9人，非洲4人，大洋洲1人。有2名或2名以上领导机构成员的，欧洲有5个国家、美洲2个国家、亚洲1个国家（卡塔尔）。专门委员会主席欧洲占7人中的6人。

职务	姓名	国籍	地区
主席(1名)	Grandi Bruno	意大利	欧洲
副主席(3名)	Corn Slava	加拿大	美洲
	Leglise Michel	法国	欧洲
	Titov Vasily	俄罗斯	欧洲
委员(7名)	Watanab Morinari	日本	亚洲
	Vidmar Peter	美国	美洲
	Luo Chaoyi	中国	亚洲
	Abouedel Saif	科威特	亚洲
	Peniche Alejandro	墨西哥	美洲
	Willam Wolfgang	德国	欧洲
	AL – Hitmi Ali	卡塔尔	亚洲
专门委员会主席 (7名)	Sikkens Ahlquist	瑞典	欧洲
	Butcher Steve	美国	美洲
	Kim Nellie	白俄罗斯	欧洲
	Kuzmina Nataliya	俄罗斯	欧洲
	Kunze Horst	德国	欧洲
	Ganzin Mireille	法国	欧洲
	Taeymans Rosy	比利时	欧洲
大洲联合会主席4名	Guelzec Georges	法国	欧洲
	Alshathri Abdulrahman Ben Saad	卡塔尔	亚洲
	Zaater Ali	阿尔及利亚	非洲
	Hernandezdelgado Zobeira	委内瑞拉	美洲
运动员委员会主席	Tanskanen Jani	芬兰	欧洲

续上表

职务	姓名	国籍	地区
秘书长	Gueisbuhler André F.	瑞士	欧洲
副秘书长	Buompane Nicolas	——	——
理事会成员	Nyffeler Walter	瑞士	欧洲
	Martikainen Anne	芬兰	欧洲
	Stocks Brian	英国	欧洲
	Dimitrov Stoian	保加利亚	欧洲
	Gonzalez de Aguero Rosa Guillamet	西班牙	欧洲
	Novak Jan	斯洛伐克	欧洲
	Lorentzen Mandal Lise	挪威	欧洲
	Hamoud Hala Salama Youssef	埃及	非洲
	Forgacs Robert	—	—
	Gharbi Mohamed Rached	突尼斯	非洲
	Geldenhuys Venter Valereis	纳米比亚	非洲
	Cacho Resende Maria Luciene	—	—
	Salanitro Enrique	阿根廷	美洲
	Sequera Sonia	委内瑞拉	美洲
	Garciabenitez William	古巴	美洲
	Kim Dong Min	韩国	亚洲
	Makki Mohamad	黎巴嫩	亚洲
	JeewanthaR. A. Kapila	斯里兰卡	亚洲
	Zakaria Haji Ahmad	马来西亚	亚洲
	Jifri Ali	—	—
	Tatai George	澳大利亚	大洋洲

（2）国际足球联合会。

国际足球联合会执委会共 28 人。每年 2 次会议。执委会负责任命去国际足球理事会的代表。

国际足球联合会共有 209 个会员国。参与领导机构的会员国有 25 个，占会员国总数比例为 12%。英国有 3 名成员，位列第 1 位。法国有 2 名成员，排第 2 位。中国等 23 个国家各有 1 名成员。

按大洲来看，欧洲 10 人，以 36% 的比例位列第 1 位。美洲 5 人，亚洲 7 人，非洲 4 人，大洋洲 2 人。

职务	姓名	国籍	地区
主席	Joseph. S. Blatter	瑞士	欧洲
高级副主席	Julio. H. Grondona	阿根廷	美洲
副主席	Issa Hayatou	喀麦隆	非洲
	Ángel María Villarllona	西班牙	欧洲
	Michel Platini	法国	欧洲
	David Chung	巴布亚新几内亚	大洋洲
	H. R. H Prince Ali Bin Al Hussein	约旦	亚洲
	Jim Boyce	英国	欧洲
	Jeffrey Webb	英国	欧洲
委员	Michel D'Hooghe	比利时	欧洲
	Senes Erzik	土耳其	亚洲
	Worawi Makudi	泰国	亚洲
	Marios Lefkaritis	塞浦路斯	亚洲
	Jacques Anouma	科特迪瓦	亚洲
	Rafael Salguero	危地马拉	美洲

续上表

职务	姓名	国籍	地区
	Hany Abo Rida	埃及	非洲
	Vitaly Mutko	俄罗斯	欧洲
	Mohamed Raouraoua	阿尔及利亚	非洲
	Theo Zwanziger	德国	欧洲
委员	Marco Polo Del Nero	巴西	美洲
	Sunil Gulati	美国	美洲
	Eugenio Figueredo	乌拉圭	美洲
	Shk. Salman Bin Ebrahim Al Khalifa	巴林	亚洲
	Jilong Zhang	中国	亚洲
	Lydia Nsekera	布隆迪	非洲
特殊任务增选委员	Moya Dodd	澳大利亚	大洋洲
	Sonia Bien Aime	英国	欧洲
秘书长	Jerome Valcke	法国	欧洲

（3）国际网球联合会。

国际网球联合会每2年选举一次董事会。董事会成员由国家协会从不同地区提名的候选人组成，负责日常工作的管理、监督和决策。董事会共14名成员。

国际网球联合会共有210个会员国。参与领导机构的会员国有12个，占会员国总数比例为6%。美国和英国各有2名成员，并列第1位。中国在领导机构中没有成员。

按大洲来看，欧洲7人，占总数的50%。美洲4人，而亚洲、非洲和大洋洲都只有 1 人。亚洲只有印度进入了领导机构。

职务	姓名	国籍	地区
主席	Francesco Ricci Bitti	意大利	欧洲
执行副主席	Juan Margets	西班牙	欧洲
副主席	Jean Gachassin	法国	欧洲
	David Haggerty	美国	美洲
	Stephen Healy	澳大利亚	大洋洲
委员	Tarak Cherif	突尼斯	非洲
	Sergio Elias	智利	美洲
	Jack Graham	加拿大	美洲
	Anil Khanna	印度	亚洲
	Roman Murashkovsky	俄罗斯	欧洲
	Stuart Smith	英国	欧洲
	Rene Stammbach	瑞士	欧洲
	Jon Vegosen	美国	美洲
	Georg Von Waldenfels	英国	欧洲

（4）国际曲棍球联合会。

国际曲棍球联合会执委会共16人，是联合会的立法机构，每年三次会议，包括主席、行政总裁和14个成员，其中5个是各地区的代表，1个是运动员代表。

国际曲棍球联合会共有118个会员国。参与领导机构的会员国有12个，占会员国总数比例为10%。英国、荷兰、阿根廷、马来西亚各有2名成员，排第1位。其余8个国家各有1名成员。中国在领导机构中没有成员。

按大洲来看，欧洲6人，以38%排第1位。美洲4人、亚洲3

人、非洲2人、大洋洲1人。

职务	姓名	国籍	地区
主席	Leandro Negre	西班牙	欧洲
行政总裁	Kelly Fairweather	南非	非洲
委员	Seif El Dine Ahmed	埃及	非洲
	Jan Albers	荷兰	欧洲
	Sue Catton	英国	欧洲
	Mary Cicinelli	加拿大	美洲
	Marc Coudron	比利时	欧洲
	Pam Elgar	新西兰	大洋洲
	Marijke Fleurenvan Walsem	荷兰	欧洲
	Michael Green	英国	欧洲
	SandraIsola	阿根廷	美洲
	Alberto Budeisky	阿根廷	美洲
	H. R. H. Sultan Azlan Shah	马来西亚	亚洲
	H. R. H. Prince Abdullah Shah	马来西亚	亚洲
	Pamela Stuper	美国	美洲
	Qasim Zia	巴基斯坦	亚洲

（5）羽毛球世界联合会。

羽毛球世界联合会领导机构共26人，包括执委会14人，理事会12人。监督和日常事务均由理事会负责。180个会员国。参与领导机构的会员国有23个，占会员国总数比为13%。英国、瑞士、中国各有2名成员，排在第1位。

按大洲来看，欧洲9人，以35%的比例排第1位。亚洲8人，排第2位，美洲4人，非洲3人，大洋洲2人。

184

附录1　国际奥委会和35个奥运项目国际竞技体育组织领导机构成员情况

职务	姓名	国籍	地区
主席	Poul – Erik Høyer	丹麦	欧洲
执行副主席	Gustavo Fernando Salazar Delgado	秘鲁	美洲
副主席	Dagmawit Girmay Berhane	埃塞俄比亚	非洲
	Liu Fengyan	中国	亚洲
	Geraldine Brown	澳大利亚	大洋洲
	Vishu Tolan	牙买加	美洲
	Gregory Verpoorten	美国	美洲
	Paul Kurzo	瑞士	欧洲
活动委员会主席	Peter Tarcala	斯洛伐克	欧洲
发展委员会主席	David Cabello	西班牙	欧洲
营销委员会主席	Nigel Skelt	新西兰	大洋洲
财务委员会主席	LimTeong Kiat	马来西亚	亚洲
关系委员会主席	Etienne Thobois	法国	欧洲
交流委员会主席	Ng Yoke Weng	新加坡	亚洲
理事会成员	Lawrence Chew	瑞士	欧洲
	Ranjit De Silva	斯里兰卡	亚洲
	Mehdi Karbasian	伊朗	亚洲
	Li Ling Wei	中国	亚洲
	Nora Perry	英国	欧洲
	Sergey Shakhray	俄罗斯	欧洲

续上表

职务	姓名	国籍	地区
	Wayne Somers	加拿大	美洲
	Raj Gaya	毛里求斯	非洲
理事会成员	Jassem Kanso	黎巴嫩	亚洲
	Chipo Zumburani	津巴布韦	非洲
	Akhilesh Das Gupta	印度	亚洲
	Emma Mason	英国	欧洲

（6）国际手球联合会。

国际手球联合会有执委会和理事会，执委会4个成员均包含在理事会中。理事会共有18名成员。联合会共有会员国147个。参与领导机构的会员国有16个，占会员国总数比例为11%。法国和科威特各有2名成员，排名第1位。其余14个国家各有1名成员。中国没有成员。

按大洲来看，欧洲8人，以44%排第1位。非洲4人，美洲和亚洲各3人。

职务	姓名	国籍	地区
主席	Hassan Moustafa	埃及	非洲
第一副主席	Miguel Rocamas	西班牙	欧洲
副主席（非洲）	Mansourou. A. Aremou	贝宁	非洲
副主席（亚洲）	Bader Al–Theyab	科威特	亚洲
副主席（欧洲）	Jean Brihault	法国	欧洲
副主席（美洲）	Mario Moccia	阿根廷	美洲

续上表

职务	姓名	国籍	地区
执行委员	Joel Delplanque	法国	欧洲
	Frantisek Taborsky	捷克	欧洲
司库	Sandi Sola	克罗地亚	欧洲
专门委员会主席	Leon Kalin	斯洛文尼亚	欧洲
	Manfred Prause	英国	欧洲
	Naser Abu Marzouq	科威特	亚洲
	François Gnamian	科特迪瓦	非洲
	Rafael Sepulvebe	波多黎各	美洲
非洲代表	Charles Omboumahou	刚果	非洲
亚洲代表	Yoshihide Watanabe	日本	亚洲
欧洲代表	Arne Elovsson	瑞典	欧洲
美洲代表	Mario Garcia De La Torre	墨西哥	美洲

（7）国际排球联合会。

国际排球联合会共有218个会员国，董事会包括执委会16人在内共33人。参与领导机构的会员国有31个，占会员国总数比例为14%。意大利和中国各有2名成员，排第1位。

按大洲来看，欧洲和美洲各有10名成员，排第1位。亚洲8人，非洲4人，大洋洲1人。

职务	姓名	国籍	地区
主席	Da Silva Graca Filho	巴西	美洲
荣誉主席、顾问	Wei Jizhong	中国	亚洲

续上表

职务	姓名	国籍	地区
第一副主席	Marte Hoffiz	多米尼加	美洲
第二副主席	Meyer	卢森堡	欧洲
副主席兼司库	Elwani	埃及	非洲
执行副主席	Bin Nasser	沙特阿拉伯	亚洲
	Lloreda Currea	哥伦比亚	美洲
	Subowo	印度尼西亚	亚洲
	Gumel	尼日利亚	非洲
	Boricic	塞尔维亚	欧洲
	Castro Verdugo	墨西哥	美洲
	Centeno. O. De Sajche	危地马拉	美洲
	Al Failakawi	科威特	亚洲
	Escobar Gonzalez	巴拉圭	美洲
委员	Przedpelski	波兰	欧洲
	Magri	意大利	欧洲
	Tsiokris	英国	欧洲
	Goncalves De Araujo	葡萄牙	欧洲
	Wongprasert	泰国	亚洲
	Shevchenko	俄罗斯	欧洲
	Mohammed	特立尼达和多巴哥	美洲
	Perez Alfaro	乌拉圭	美洲
	Beal	美国	美洲
	Wong	加拿大	美洲

续上表

职务	姓名	国籍	地区
委员	Timba	喀麦隆	非洲
	Cai Yi	中国	亚洲
	Arena	意大利	欧洲
	Sawadogo	布基纳法索	非洲
	Santos	西班牙	欧洲
	Berben	比利时	欧洲
	Hamu	日本	亚洲
	Eom	韩国	亚洲
	Carracher	澳大利亚	大洋洲

（8）国际乒乓球联合会。

国际乒乓球联合会共有215个会员国，执委会共9人。参与领导机构的会员国有9个，占会员国总数的4%。中国等9个国家都只有1名成员。

欧洲和亚洲各有3名成员排第1位。美洲2名、非洲1名。亚洲除中国外，日本和卡塔尔各1名。

职务	姓名	国籍	地区
主席	Adham Sharara	加拿大	美洲
副主席	Thomas Weikert	英国	欧洲
高级执行副主席	Khalil Al – Mohannadi	卡塔尔	亚洲
执行副主席	Chérif Hajem	突尼斯	非洲
	Patrick Gillmann	法国	欧洲

续上表

职务	姓名	国籍	地区
执行副主席	Masahiro Maehara	日本	亚洲
	Melecio Eduardo Rivera	萨尔瓦多	美洲
	Shi Zhihao	中国	亚洲
	Petra Sorling	瑞典	欧洲

（9）国际篮球联合会。

国际篮球联合会共有 213 个会员国，中央局有 22 名有投票权领导成员。参与领导机构的会员国有 19 个，占会员国总数比例为 9%。阿根廷、澳大利亚、美国各有 2 名成员，排列第 1 位。中国等 16 个国家各有 1 名成员。

按大洲来看，欧洲 8 人，以 36% 排名第 1 位。美洲 5 人排第 2 位，亚洲、非洲、大洋洲各 3 人。

职务	姓名	国籍	地区
主席	Yvan Mainini	法国	欧洲
副主席	Horacio Muratore	阿根廷	美洲
秘书长	Patrick Baumann	瑞士	欧洲
司库	Manfred Ströher	德国	欧洲
委员	Valerie Ackerman	美国	美洲
	Sheik Saud Bin Ali Al – Thani	卡塔尔	亚洲
	Alphonse Bilé	科特迪瓦	非洲
	Richard Carrión	波多黎各	美洲
	Sergei Chernov	俄罗斯	欧洲
	Bob Elphinston	澳大利亚	大洋洲

续上表

职务	姓名	国籍	地区
委员	Mabusa Eseka Dieudonne	刚果	非洲
	Alberto Garcia	阿根廷	美洲
	Salamatou Maiga	马里	非洲
	Usie Richards	美国	美洲
	Jose Luis Saez Regalado	西班牙	欧洲
	Xu Lan	中国	亚洲
	Olafur Rafnsson	冰岛	欧洲
	Steve Smith	澳大利亚	大洋洲
	Lena Wallin – Kantzy	瑞典	欧洲
	Barbara Wheadon	新西兰	大洋洲
	Hagop Khajirian	黎巴嫩	亚洲
	Kamil Novak	捷克	欧洲

（10）国际橄榄球理事会。

国际橄榄球理事会共有会员国 117 个。领导机构执委会共有委员 10 人。参与领导机构的会员国 8 个，占会员国总数比例为 7%。英国和澳大利亚各有两名成员排名第 1 位，其余国家各 1 名成员。中国没有成员。

按大洲来看，欧洲有 4 名，以 40% 排名第 1 位。大洋洲以 3 名紧随其后，美洲、非洲、亚洲各 1 名。日本为亚洲的唯一在领导机构拥有席位的国家。

职务	姓名	国籍	地区
主席	Bernard Lapasset	法国	欧洲
副主席	Oregan Hoskins	南非	非洲
委员	Bill Beaumont	英国	欧洲
	Peter Boyle	英国	欧洲
	Giancarlo Dondi	意大利	欧洲
	Mike Eagle	新西兰	大洋洲
	Michael Hawker	澳大利亚	大洋洲
	Bob Latham	美国	美洲
	Tatsuzo Yabe	日本	亚洲
首席执行官	Brett Gosper	澳大利亚	大洋洲

（11）国际高尔夫联合会。

国际高尔夫联合会共有会员国116个。董事会共11人，负责规划、组织。参与领导机构的国家不完全统计最多有8个，占会员国总数比例为7%。美国有4名成员排名第1位，其余国家基本是各1名成员。中国没有成员。

按大洲来看，美洲有5名成员，以45%排第1位。欧洲4人，亚洲、大洋洲各1人。非洲没有成员。印度是亚洲唯一在领导机构有席位的国家。

职务	姓名	国籍	地区
主席	Peter Dawson	英国	欧洲
副主席	Ty Votaw	美国	美洲
执行董事	Antony Scanlon	澳大利亚	大洋洲

续上表

职务	姓名	国籍	地区
各类巡回赛代表	Michael Whan	美国	欧洲
	Alexandra Armas International	—	欧洲
	Peter Bevacqua	美国	美洲
	John Byers	巴西	美洲
	Mike Davis	美国	美洲
	TimFinchem	加拿大	美洲
	George O'Grady	—	欧洲
	Dilip Thomas	印度	亚洲

（12）国际游泳联合会。

国际游泳联合会共22人有投票权。负责分配上他们的一般及技术大会的所有事项讨论和决策，解释和执行国际泳联的规则，决定日期和世锦赛等国际泳联赛事的地点，组织和控制所有的国际泳联比赛。

国际游泳联合会共有会员国181个，22个国家各有1名领导机构成员，占会员国总数的12%。中国有1名代表。

按大洲看，美洲有7名成员，以32%排列第1位。欧洲5人，亚洲、非洲各4人，大洋洲2人。

职务	姓名	国籍	地区
主席	Julio. C. Maglione	乌拉圭	美洲
副主席	Sam Ramsamy	南非	非洲
	Dale Neuburger	美国	美洲
	Husain Al－Musallam	科威特	亚洲

续上表

职务	姓名	国籍	地区
主席	Julio. C. Maglione	乌拉圭	美洲
副主席	Tamas Gyarfas	匈牙利	欧洲
	Dennis Miller	斐济	大洋洲
委员	Lino Candido Lourenco	安哥拉	非洲
	Fernando Carpena	西班牙	欧洲
	Errol Clarke	巴巴多斯	美洲
	Dimitris Diathesopoulos	希腊	欧洲
	Mohamed Diop	塞内加尔	非洲
	Matthew Dunn	澳大利亚	大洋洲
	Ben Ekumbo	肯尼亚	非洲
	Andrey Kryukov	哈萨克斯坦	亚洲
	Eugenio Martinez	古巴	美洲
	Jesus Mena Campos	墨西哥	美洲
	Margo Mountjoy	加拿大	美洲
	Coaracy Nunes Filho	巴西	美洲
	Vladimir Salnikov	俄罗斯	欧洲
	Kazuo Sano	日本	亚洲
	Erik Van Heijningen	荷兰	欧洲
	Qiuping Zhang	中国	亚洲

（13）国际田径联合会。

国际田径联合会理事会成员共27名，包括1名主席，4名副主席，1名司库，6名地区代表，15名个人成员。负责国际田联的所有比赛,可以选举或暂时中止某会员协会,有采取紧急措施的权力。

国际田径联合会共有会员国 212 个,27 个国家各有 1 名领导机构成员,占会员国总数的 13%。中国有 1 名代表。

按大洲来看,欧洲有 10 名成员,以 37% 排列第 1 位。美洲 6 人,亚洲、非洲各 5 人,大洋洲 1 人。

职务	姓名	国籍	地区
主席	Lamine Diack	塞内加尔	非洲
高级副主席	Robert Hersh	美国	美洲
副主席	Dahlan Jumaan Al Hamad	卡塔尔	亚洲
	Ergey Bubkas	乌克兰	欧洲
	Sebastian Coe	英国	欧洲
司库	Valentin Balakhnichev	俄罗斯	欧洲
地区代表	Zhao Cai Du	中国	亚洲
	Geoff Gardner	澳大利亚	大洋洲
	Roberto Gesta De Melo	巴西	美洲
	Hamad Kalkaba Malboun	喀麦隆	非洲
	Victor Lopez	波多黎各	美洲
	Hansjörg Wirz	瑞士	欧洲
委员	Ahmad Al Kamali	阿联酋	亚洲
	Bernard Amsalem	法国	欧洲
	Sylvia Barlag	荷兰	欧洲
	Pauline Davis – Thompson	巴哈马	美洲
	Helmut Digel	德国	欧洲

续上表

职务	姓名	国籍	地区
委员	Nawal El Moutawakel	摩洛哥	非洲
	Frank Fredericks	纳米比亚	非洲
	Abby Hoffman	加拿大	美洲
	Alberto Juantorenadanger	古巴	美洲
	Isaiah Kiplagat	肯尼亚	非洲
	Jose Maria Odriozola	西班牙	欧洲
	Jung – Ki Park	韩国	亚洲
	Anna Riccardi	意大利	欧洲
	Irena Szewinska	波兰	欧洲
	Katsuyuki Tanaka	日本	亚洲

(14)国际自行车联盟。

管理委员会的组成成员共15名:国际自盟主席,由代表大会选举出的另外9名代表和5个洲级协会的主席。被选出的10名委员,至少要有7名出自欧洲国家的协会。必要时,可以包括主席在内。

国际自行车联盟共有会员国170个,15个国家各有1名领导机构成员,占会员国总数的9%。中国没有成员。

按大洲来看,欧洲有8名成员,以53%排列第1位。美洲、亚洲、非洲各2人,大洋洲1人。

职务	姓名	国籍	地区
主席	Brian Cookson	英国	欧洲
副主席	Mohamed Wagih Azzan	埃及	非洲
	Tracey Gaudry	澳大利亚	大洋洲
	David Lappartient	法国	欧洲
委员	Hee Wook Cho	韩国	亚洲
	José Manuel Pelaez	古巴	美洲
	Mohamed Belmahi	摩洛哥	非洲
	Renato Di Rocco	意大利	欧洲
	Artur Lopes	葡萄牙	欧洲
	Igor Viktorovich Makarov	俄罗斯	欧洲
	Emin Muftuoglu	土耳其	亚洲
	Peder Pedersen	丹麦	欧洲
	Mike Plant	美国	美洲
	Marian Stetina	捷克	欧洲
	Tom Van Damme	比利时	欧洲

（15）国际马术联合会。

国际马术联合会执委会共19人，由1名主席、2名副主席、其他专门委员会主席组成。负责联合会总方向，向代表大会提交相关提案。

国际马术联合会共有会员国132个。参与领导机构的国家有18个，占会员国总数比例为14%。英国有2名成员排名第一，其余国家基本是各1名成员。中国没有成员。

按大洲来看，欧洲有7名成员，以37%排第1位。亚洲、美洲各 5 人。非洲、大洋洲各 1 人。

职务	姓名	国籍	地区
主席	H. R. H. Princess Haya	约旦	亚洲
第一副主席	John. C. Mcewen Mbe	英国	欧洲
第二副主席	Pablo Tomas Mayorga	阿根廷	美洲
委员	Sheik Khalid Bin Abdullaal Khalifa	巴林	亚洲
	Carmen Barrera（ESA）	萨尔瓦多	美洲
	Mary. K. Binks	肯尼亚	非洲
	Sergey Buikevich	哈萨克斯坦	亚洲
	Giuseppe Della Chiesa	意大利	欧洲
	Karoly Fugli	匈牙利	欧洲
	Luiz Robert Giugni	巴西	美洲
	Hanfried Haring	英国	欧洲
	Nai Yue Ho	新加坡	亚洲
	Frank Kemperman	荷兰	欧洲
	John Madden	美国	美洲
	Brian Mangan	爱尔兰	欧洲
	Armagan Özgorkey	土耳其	亚洲
	Mark Samuel	加拿大	美洲
	Brian Sheahan	澳大利亚	大洋洲
	Maria Gretzer	瑞典	欧洲

（16）国际射箭联合会。

国际射箭联合会执行委员会是世界射箭代表大会休会期间的

理事机构，共 15 名成员，只有 13 名成员由投票权。它是由主席，第一副主席，3 名副主席，其他 8 个成员，包括运动员委员会主席组成。有参与权，但没有投票权的：秘书长、执行委员。执行局的决定是由简单多数投票表示制成。

国际射箭联合会共有会员国 142 个，13 个国家各有 1 名领导机构有投票权的成员，占会员国总数的 9%。中国有 1 名代表。

按大洲来看，欧洲有 7 名成员，以 54% 排列第 1 位。亚洲 4人，美洲各 3 人，非洲 1 人。

职务	姓名	国籍	地区
主席	Ugur Erdener	土耳其	亚洲
第一副主席	Mario Scarzella	意大利	欧洲
副主席	Philippe Bouclet	法国	欧洲
	Sanguan Kosavinta	泰国	亚洲
	Maria Emma Gaviria	哥伦比亚	美洲
委员	Gao Zhidan	中国	亚洲
	Greg Easton	美国	美洲
	Eng. Gabr Aladin	埃及	非洲
	Kotaro Hata	日本	亚洲
	Vladimir Esheev	俄罗斯	欧洲
	Jorg Brokamp	德国	欧洲
	Eva Thesen	挪威	欧洲
	Viktoriya Koval	乌克兰	欧洲
秘书长（无投票权）	Tom Dielen	瑞士	欧洲
执行委员（无投票权）	Mark Miller	美国	美洲

（17）国际射击联合会。

国际射击联合会执行委员会成员共 13 名（主席 1 名、秘书长 1 名、4 名副主席、1 名技术委员会主席、1 名运动员委员会主席、5 名理事会成员），执行委员会每年至少召开两次，负责确保代表大会决定的实施、监督和协调管理、指定技术代表。

理事会共 37 名成员（13 名执委会委员、7 名专门委员会主席、5 名地区联盟主席、2 名审计员、10 名其他人员），理事会负责审查向代表大会提交的议案、技术规则的批准以及各种选举，包括选举 3 名理事会成员参与执委会、选举各种委员会委员、选举和暂停会员协会。

国际射击运动联合会理事成员目前共 34 名，会员国 154 个。参与领导机构的国家有 24 个，占会员国总数比例为 16%。美国有 4 名成员排名第 1 位；德国有 3 人，排第 2 位；埃及、芬兰、科威特、墨西哥、英国各 2 人，排第 3 位。中国等 17 个国家各 1 人。

按大洲来看，欧洲有 14 名成员，以 41% 排第 1 位。亚洲 9 人，美洲 8 人，非洲 2 人，大洋洲 1 人。

职务	姓名	国籍	地区
主席	Olegario Vazquez Rana	墨西哥	美洲
秘书长	Franz Schreiber	德国	欧洲
副主席	Sheikh Salman S. S. H. Al Sabah	科威特	亚洲
	Gary L. Anderson	美国	美洲
	Luciano Rossi, M. P.	意大利	欧洲
	Medhat. M. Wahdan	埃及	非洲
技术委员会主席	Max Mückl	德国	欧洲
运动员委员会主席	Juha Hirvi	芬兰	欧洲

续上表

职务	姓名	国籍	地区
执委会委员	Woo Jae Lee	韩国	亚洲
	Feng Li	中国	亚洲
	Vladimir Lisin	俄罗斯	欧洲
	Rodrigo De Mesa Ruiz	西班牙	欧洲
	David R. V. Parish	英国	欧洲
理事会委员	Duaij Al Otaibi	科威特	亚洲
	Jörg Brokamp	德国	欧洲
	Alexandros Dimakakos	希腊	欧洲
	Rafael Guerra Mollinedo	古巴	美洲
	Derek. R. Ivy	英国	欧洲
	Noboru Kikuchi	日本	亚洲
	Robert Mitchell	美国	美洲
	Baljit Singh Sethi	印度	亚洲
	Jacques Trouve	法国	欧洲
理事会委员兼其他专门委员会主席	Kerstin Bodin	瑞典	欧洲
	Tomislav Sepec	克罗地亚	欧洲
	Susan. B. Abbott	美国	美洲
	Demetris. F. Lordos	塞浦路斯	亚洲
	Pekka Kuusisto	芬兰	欧洲
	Antonio Fernandez Arena	墨西哥	美洲
	James. M. Lally	美国	美洲

续上表

职务	姓名	国籍	地区
地区主席	Hazem Hosny Ahmed	埃及	非洲
	Carlos Silva Monterroso	危地马拉	美洲
	Ali Mohammed Al Kuwari	卡塔尔	亚洲
	Yair Davidovich	以色列	亚洲
	Nick Sullivan	澳大利亚	大洋洲

（18）国际击剑联合会。

国际击剑联合会执委会成员目前共22人，会员国108个。参与领导机构的国家有21个，占会员国总数比例为19%。俄罗斯有2名成员排名第1位；中国等20个国家各1人。亚洲韩国、日本、哈萨克斯坦、菲律宾各1人。

按大洲来看，欧洲有10名成员，以45%排第1位。亚洲5人，非洲4人，美洲2人，大洋洲1人。

职务	姓名	国籍	地区
主席	Usmanov Alisher	俄罗斯	欧洲
秘书长	Pietruszka Frederic	法国	欧洲
司库	Bierkowski Jacek	波兰	欧洲
副主席	Pascu（MH）Ana	罗马尼亚	欧洲
	Scarso Giorgio	意大利	欧洲
	Wang Wei	中国	亚洲

续上表

职务	姓名	国籍	地区
委员	Anthony Jr. Donald	美国	美洲
	Aze Erika	拉脱维亚	欧洲
	El Aeaby Tamer Mohamed	埃及	非洲
	Geuter（MH）W. F. Max	英国	欧洲
	Hristeva Velichka	保加利亚	欧洲
	Kim Guk – Hyeon	韩国	亚洲
	Perovic Novak	南非	非洲
	Peskov Oleg	哈萨克斯坦	亚洲
	Pozdnyakov Stanislav	俄罗斯	欧洲
	Salhi Ferial Nadira	阿尔及利亚	非洲
地区主席	Ndiaye Mbagnick	塞内加尔	非洲
	Munguiapayes General De Division David	萨尔瓦多	美洲
	Dayrit（MH）Celso L.	菲律宾	亚洲
	Janda Frantisek	捷克	欧洲
	Smith（MH）Helen	澳大利亚	大洋洲
运动员委员会主席	Ota Yuki	日本	亚洲

（19）国际举重联合会。

国际举重联合会代表大会闭幕期间的领导机构是执委会共21人，由1名主席、1名秘书长、1名第一副主席、5名副主席、8名委员、5名地区联盟主席组成。

国际举重联合会会员国 189 个。参与领导机构的国家有 19 个，占会员国总数比例为 10%。英国有 3 名成员排名第 1 位；中国等 18 个国家各 1 人。亚洲卡塔尔、马来西亚、泰国、伊拉克、印度各 1 人。

按大洲来看，欧洲有 7 名成员，以 33% 排第 1 位。亚洲 6 人，美洲 4 人，非洲和大洋洲各 2 人。

职务	姓名	国籍	地区
主席	Tamas Ajan	匈牙利	欧洲
秘书长	Wenguang Ma	中国	亚洲
第一副主席	Nicu Vlad	罗马尼亚	欧洲
副主席	Intarat Yodbangtoey	泰国	亚洲
	Sam Coffa	澳大利亚	大洋洲
	Alexander Gerasimenko	俄罗斯	欧洲
	Jose Quinones	秘鲁	美洲
	Poh Eng Ong	马来西亚	亚洲
委员	Moira Lassen	加拿大	美洲
	Pyrros Dimas	英国	欧洲
	Birendra Prasad Baishya	印度	亚洲
	Mohamed Jaloud	伊拉克	亚洲
	Michael Irani	英国	欧洲
	David Montero	巴西	美洲
	Christian Baumgartner	英国	欧洲
	Fathi Masmoudi	突尼斯	非洲

续上表

职务	姓名	国籍	地区
地区主席	Mohamed Yousef Al Mnana(AWF)	卡塔尔	亚洲
	Dr. Antonio Urso(EWF)	意大利	欧洲
	H. E. Marcus Stephen(OWF)	瑙鲁	大洋洲
	Willian FelixOzuna(PAWF)	多米尼加共和国	美洲
	Khaled Mhalhel(WFA)	利比亚	非洲

（20）世界拳击联盟（AIBA）。

世界拳击联盟会员国有 209 个。2010—2014 期间内执委会共 27 名成员，其中 26 名有投票权。参与领导机构的国家有 24 个，占会员国总数比例为 11%。美国和乌兹别克斯坦各有 2 名成员排名第 1 位。亚洲乌兹别克斯坦 2 人，阿塞拜疆、哈萨克斯坦、韩国、土耳其、印度、中国各 1 人。

按大洲来看，亚洲有 8 名成员，以 31% 排第 1 位。欧洲 7 人，美洲 5 人，非洲 4 人，大洋洲 2 人。

职务	姓名	国籍	地区
主席	Ching – Kuo Wu	中国	亚洲
地区主席	Domingo. B. Solano García	多米尼加共和国	美洲
	Gofur. A. Rakhimov	乌兹别克斯坦	亚洲
	Abdellah Bessalem	阿尔及利亚	非洲
	Keith. A. Walker	新西兰	大洋洲
	Franco Falcinelli	意大利	欧洲

续上表

职务	姓名	国籍	地区
无投票副主席	Timur Kulibayev	哈萨克斯坦	亚洲
执行委员	Osvaldo. R. Bisbal	阿根廷	美洲
	Kelani. A. Bayor	多哥	非洲
	Francis Terence Smith	英国	欧洲
	Charles Francis Butler	美国	美洲
	Gen. Dr Joseph. O. Ayeni	尼日利亚	非洲
	Kishen Narsi	印度	亚洲
	Evgeny Murov	俄罗斯	欧洲
	Sandór Csötönyi	匈牙利	欧洲
	Mapu Jamias	美国	美洲
	Godavarisingh Rajcoomar	毛里求斯	非洲
	Edgar Tanner	澳大利亚	大洋洲
	Jürgen Kyas	德国	欧洲
	Eyüp Gözgec	土耳其	亚洲
	Suleyman Mikayilov	阿塞拜疆	亚洲
	Serik Konakbayev	哈萨克斯坦	亚洲
	Volodymyr Prodyvus	乌克兰	欧洲
	Adam Kusior	波兰	欧洲
	Yoon Seok Chang	韩国	亚洲
	AlbertoPuig de la Barca	古巴	美洲
	Malik Babaev	乌兹别克斯坦	亚洲

（21）国际柔道联合会。

国际柔道联合会会员国 220 个，执委会共 20 人。参与领导机构的国家有 18 个，占会员国总数比例为 8%。俄罗斯和西班牙各有 2 名成员排名第 1 位；中国没有成员。亚洲乌兹别克斯坦、阿联酋、科威特各 1 人。

按大洲来看，欧洲有 10 名成员，以 50% 排第 1 位。美洲、亚洲、非洲各 3 人，大洋洲 1 人。

职务	姓名	国籍	地区
主席	Marius Vizer	奥地利	欧洲
司库	Naser Al – Tamimi	阿联酋	亚洲
秘书长	Jean – Luc Rouge	法国	欧洲
副主席	Lassana Palenfo(AJU)	科特迪瓦	非洲
	Obaid Al – Anzi(JUA)	科威特	亚洲
	Sergey Soloveychik(EJU)	俄罗斯	欧洲
	Paulo Wanderley(PJC)	巴西	美洲
	Lennie Niit(OJU)	汤加	大洋洲
奥林匹克基金董事	Alejandro Blanco	西班牙	欧洲
裁判主管	Juan Carlos Barcos	西班牙	欧洲
	Jan Snijders	荷兰	欧洲
项目主管主任	Vladimir Barta Czech Republic	捷克	欧洲
项目主管成员	Ignacio Aloise	乌拉圭	美洲
	Armen Bagdasarov	乌兹别克斯坦	亚洲
	Florin DanielLascau	罗马尼亚	欧洲
教育及训练主任	Mohamed Meridja	阿尔及利亚	非洲
主席代表	Gerard Benone	瑞士	欧洲

续上表

职务	姓名	国籍	地区
发展总监	Habib Sissoko	马里	非洲
	Jose Rodriguez	美国	美洲
发展经历	Arkady Rotenberg	俄罗斯	欧洲

（22）国际摔跤联合会。

国际摔跤联合会会员国共有 142 个。执委会委员共 26 人，目前有投票权的有 24 人。参与领导机构的国家有 20 个，占会员国总数比例为 14%。俄罗斯有 3 人，排列第 1 位。美国和土耳其各有 2 人并列第 2 位；中国没有成员。亚洲土耳其 2 人，乌兹别克斯坦、哈萨克斯坦、阿塞拜疆、韩国、卡塔尔、日本各 1 人。

按大洲来看，欧洲有 10 名成员，以 42% 排第 1 位。亚洲 8 人，美洲 4 人，非洲和大洋洲各 1 人。

职务	姓名	国籍	地区
主席	Lalovic Nenad	塞尔维亚	欧洲
荣誉主席	Ercegan Milan（无投票权）	塞尔维亚	欧洲
副主席	Ayik Ahmet	土耳其	亚洲
	Dziedzic Stan	美国	美洲
	Fukuda Tomiaki	日本	亚洲
	Pellicone Matteo	意大利	欧洲
秘书长	Dusson Michel	法国	欧洲
执行委员	Al Shahrani Zamel Sayyaf	卡塔尔	亚洲
	Aliyev Namig	阿塞拜疆	亚洲
	Hamakos Theodoros	英国	欧洲

续上表

职务	姓名	国籍	地区
执行委员	Hegedus Csaba	匈牙利	欧洲
	Kimik – Jong（无投票权）（暂停职权到2015年）	韩国	亚洲
	Mamiashvili Mikhail	俄罗斯	欧洲
	Martinetti Raphaël	瑞士	欧洲
	Ruziev Akhroldjan	乌兹别克斯坦	亚洲
	Turalykhanov Daulet	哈萨克斯坦	亚洲
	Tzenov Tzeno	保加利亚	欧洲
	Yaksi Rodica Maria	土耳其	亚洲
	Yariguina Natalia	俄罗斯	欧洲
增选委员	Gamafilho Pedro	巴西	美洲
	Kzrelin Aleksandr	俄罗斯	欧洲
	Scherr James. E.	美国	美洲
地区主席	Dr Kim Chang – Kew	韩国	亚洲
	Lee Lopez Francisco Eduardo	危地马拉	美洲
	Meskout Fouad	摩洛哥	非洲
	Tarkong John Jr	帕劳	大洋洲

（23）世界跆拳道联合会。

世界跆拳道联合会理事会共32人。1名主席、2名名誉副主席、4名副主席、1名秘书长、22名委员、2名执行委员。有投票权的30人。

世界跆拳道联合会会员国182个。理事会有投票权的30人。

参与领导机构的国家有 25 个，占会员国总数比例为 14%。韩国有 4 人，排列第 1 位。法国和墨西哥各有 2 人并列第 2 位；中国没有成员。亚洲韩国 4 人，卡塔尔、黎巴嫩、泰国、土耳其、新加坡、以色列、约旦各 1 人。

按大洲来看，亚洲有 12 名成员，以 40% 排第 1 位。欧洲 8 人，美洲 6 人，非洲 3 人，大洋洲 1 人。

职务	姓名	国籍	地区
主席	Chungwon Choue	韩国	亚洲
荣誉副主席	Phillip Walter Coles	澳大利亚	大洋洲
	Dai Soon Lee	韩国	亚洲
副主席	Ivan Dibos	秘鲁	美洲
	Ahmed Fouly	埃及	非洲
	Kamaladdin Heydarov	阿塞拜疆	亚洲
	SunJae Park	意大利	欧洲
秘书长	Jean – Marie Ayer	瑞士	欧洲
委员	Mohamed A. K. Al – Sulaiti	卡塔尔	亚洲
	Maria Rosario Borello Castillo	危地马拉	美洲
	Jesus Castellanos Pueblas	西班牙	欧洲
	Driss El Hilali	法国	欧洲
	Anthony Ferguson	特立尼达和多巴哥	美洲
	Aïcha Garad Ali	吉布提	非洲
	Issaka Ide	尼日尔	非洲
	Kook Hyun Jung	韩国	亚洲
	Tae Kyung Kim	新西兰	大洋洲

续上表

职务	姓名	国籍	地区
委员	Milan Kwee	新加坡	亚洲
	Carine Lahoud	黎巴嫩	亚洲
	Prof. Kyu Seok Lee	韩国	亚洲
	Juan Manuel López Delgado	墨西哥	美洲
	Michel Madar	以色列	亚洲
	Dae – sung Moon	韩国	亚洲
	Dai Won Moon	墨西哥	美洲
	Hazem Ahmad Awwad Naimat	约旦	亚洲
	Roger Piarulli	法国	欧洲
	Metin Sahin	土耳其	亚洲
	Pimol Srivikorn	泰国	亚洲
	Anatoly Konstantinovich Terekhov	俄罗斯	欧洲
	Sarah Stevenson	英国	欧洲
执委会委员	Athanasios P 日 agalos	希腊	欧洲
	Ji HoChoi	美国	美洲

（24）国际皮划艇联合会。

国际皮划艇联合会董事会共30人，包括6名执行委员会成员（执行委员会由1名主席、3名副主席、1名秘书长、1名司库组成，执委会每3个月举行一次，负责日常运行和管理，确保ICF积极持续的发展，并向董事会汇报情况）。董事会主要职责是负责监督管理、战略规划、风险管理、与利益相关者沟通，确保组织事务向组织目标进行。董事会负责管理，执行委员会直接参与管理。

国际皮划艇联合会会员国 147 个。参与领导机构的国家有 22 个，占会员国总数比例为 15%。加拿大有 4 人，排列第 1 位。英国有 3 人，排列第 2 位。德国、葡萄牙、西班牙各有 2 人，排列第 3 位。中国等 17 个国家各 1 人。亚洲日本、伊朗各 1 人。

按大洲来看，欧洲有 15 名成员，以 50% 排第 1 位。美洲 7 人，亚洲和非洲各 3 人，大洋洲 2 人。

职务	姓名	国籍	地区
主席（执委）	José Perurena	西班牙	欧洲
第一副主席（执委）	Istvan Vaskuti	匈牙利	欧洲
第二副主席（执委）	Joao Manuel Da Costa Alegre	圣多美及普林西比	非洲
第三副主席（执委）	Joao Tomasini	巴西	美洲
司库（执委）	Luciano Buonfiglio	意大利	欧洲
秘书长（执委）	Simon Toulson	英国	欧洲
大洋洲区主席	Helen Brownlee	澳大利亚	大洋洲
亚洲区主席	Shoken Narita	日本	亚洲
欧洲区主席	Albert Woods	英国	欧洲
美洲区主席	Cecilia Farias	阿根廷	美洲
各地区代表	Maree Burnett	新西兰	大洋洲
	L. Wai Hung	中国	亚洲
	Ahmad Donyamali	伊朗	亚洲
	Dwight Corbin	加拿大	美洲
	Branko Lovric	克罗地亚	欧洲
	Saifudin Patwa	肯尼亚	非洲

续上表

职务	姓名	国籍	地区
各地区代表	Tim Cornish	南非	非洲
	Victor. G. Ruiz	波多黎各	美洲
	Mario Santos	葡萄牙	欧洲
	Thomas Konietzko	德国	欧洲
各专门委员会主席	Frank Garner	加拿大	美洲
	Jean - Michel Prono	法国	欧洲
	Jorn Cronberg	丹麦	欧洲
	Jens Perlwitz	德国	欧洲
	Greg Smale	英国	欧洲
	Francois Ryffel	瑞士	欧洲
	Lluis Rabaneda i Caselles	西班牙	欧洲
	Donald Mc Kenzie	加拿大	美洲
	Filipe Pereira	葡萄牙	欧洲
	John Edwards	加拿大	美洲

（25）国际赛艇联合会。

国际赛艇联合会理事会成员包括 7 名执委会委员、14 名专门委员会主席、6 名地区代表、5 名荣誉理事成员，总数本为 32 人，但有 3 名执委会委员兼任专门委员会主席，有 1 名地区代表兼任专门委员会主席，荣誉理事成员无投票权，所以理事会目前成员共 28 人，有投票权共 23 人。

国际赛艇联合会会员国 142 个。参与领导机构的国家有 14 个，占会员国总数比例为 10%。英国、瑞士和中国各有 3 人，排列第 1 位。澳大利亚、比利时、美国各 2 人，排第 2 位。亚洲只有中国有代表。

按大洲来看，欧洲有 12 名成员，以 52% 排第 1 位。美洲 4 人，亚洲和大洋洲各 3 人，非洲 1 人。

职务	姓名	国籍	地区
主席（执委）	Denis Oswald	瑞士	欧洲
副主席（执委）	Tricia Smith	加拿大	美洲
司库（执委）	Michael Williams	英国	欧洲
执行主任（执委）	Matt Smith	瑞士	欧洲
理事会代表（执委）兼任专门委员会主席	John Boultbee	澳大利亚	大洋洲
	Mike Tanner	中国	亚洲
	Lenka Wech	英国	欧洲
专门委员会主席	Guin Batten	英国	欧洲
	John Boultbee（兼）	澳大利亚	大洋洲
	Paul Fuchs JR.	美国	美洲
	Fay Ho	中国	亚洲
	Alain Lacoste	法国	欧洲
	Patricia Lambert	比利时	欧洲
	Tone Pahle	挪威	欧洲
	Algirdas Raslanas	立陶宛	欧洲
	Richardson	新西兰	大洋洲
	Jean－christophe Rolland	瑞士	欧洲
	Patrick Rombaut	比利时	欧洲
	Ryszard Stadniuk（兼）	波兰	欧洲
	Mike Tanner（兼）	中国	亚洲
	Lenka Wech（兼）	英国	欧洲

续上表

职务	姓名	国籍	地区
地区代表	John Coates	澳大利亚	大洋洲
	Aijie Liu	中国	亚洲
	Eduardo Palomo	美国	美洲
	José Quinones	秘鲁	美洲
	Ryszard Stadniuk	波兰	欧洲
	Khaled Zein El Din	埃及	非洲
荣誉理事成员（无投票权）	Claushess	英国	欧洲
	Boerge Kaas – Andersen	丹麦	欧洲
	Thor Nilsen	瑞典	欧洲
	Don Rowlands	新西兰	大洋洲
	Mike Sweeney	英国	欧洲

（26）国际帆船联合会。

国际帆船联合会理事会成员共 42 人（有投票权的 40 人），包括 10 名执委会委员、3 名专门委员会代表、1 名妇女代表、28 名任命委员（这些委员分配是根据地理位置，分为从字母 A 至 Q 的 17 个组，分配给各组进入理事会的额存在明显的不平等。如由英国 3 个协会组成的 A 组有两名名额，由美国和加拿大两个协会组成的 P 组有 3 个名额，而非洲 9 个协会、东南亚 9 个协会组成的 Q 组和 K 组却各只有 1 个名额）。执委会每个奥运会年选举，任期四年（执委会成员共 10 人，包括 1 名主席、7 名副主席和 2 名无投票权的荣誉主席）。

国际帆船联合会会员国共 138 个。参与领导机构的国家有 28 个，占会员国总数比例为 20%。英国有 6 人，远远领先与其他国家人数，排列第 1 位。澳大利亚和美国各 3 人，排名第 2 位。法国、新西兰、中国各 2 人，排列第 3 位。亚洲卡塔尔、日本、塞浦路斯、土耳其、新加坡、以色列各 1 人。

按大洲来看，欧洲有 17 名成员，以 43% 排第 1 位。美洲 9 人，亚洲 8 人，大洋洲 5 人，非洲 1 人。

职务		姓名	国籍	地区
执委会	主席	Carlo Croce(ITA)	意大利	欧洲
	副主席	Nazli Imre(TUR)	土耳其	亚洲
		George Andreadis(GRE)	英国	欧洲
		Chris Atkins(GBR)	英国	欧洲
		Adrienne Greenwood(NZL)	新西兰	大洋洲
		Gary Jobson(USA)	美国	美洲
		Quanhai Li(CHN)	中国	亚洲
		W. Scott Perry 兼司库(URU)	乌拉圭	美洲
28 名任命委员	A 组	Dick Batt(GBR)	英国	欧洲
		John Crebbin(IRL)	英国	欧洲
	B 组	Marijan Hanzakovic(CRO)	克罗地亚	欧洲
		Rolf Bahr(GER)	英国	欧洲
	C 组	Tomasz Chamera(POL)	波兰	欧洲
		Kamen Fillyov(BUL)	保加利亚	欧洲
	D 组	Totos Theodossiou(CYP)	塞浦路斯	亚洲
		Jean – Pierre Champion(FRA)	法国	欧洲
	E 组	Dorith Stierler(ISR)	以色列	亚洲
		Rafael Gonzalez(ESP)	西班牙	欧洲

续上表

职务		姓名	国籍	地区
28 名任命委员	F 组	Rob Franken(NED)	荷兰	欧洲
	G 组	Kurt Lonnqvist(FIN)	芬兰	欧洲
		Stig Hvide Smith(NOR)	挪威	欧洲
	H 组	Georgy Shayduko(RUS)	俄罗斯	欧洲
	I 组	Khalifa. M. Al – Sewaidi(QAT)	卡塔尔	亚洲
	J 组	Karl. C. Kwok(HKG)	中国	亚洲
		Takao Otani(JPN)	日本	亚洲
	K 组	Loh Kok Hua(SIN)	新加坡	亚洲
	L 组	Jan Dawson(NZL)	新西兰	大洋洲
		David Tillett(AUS)	澳大利亚	大洋洲
	M 组	Pablo Masseroni(ARG)	阿根廷	美洲
	N 组	Harry Adler(BRA)	巴西	美洲
	O 组	Cary Lee Byerley(ANT)	安提瓜和巴布达	美洲
		Hector Duval(DOM)	多米尼加	美洲
	P 组	Gary Bodie(USA)	美国	美洲
		Cory Sertl(USA)	美国	美洲
		Peter Hall(CAN)	加拿大	美洲
	Q 组	Ross Robson(RSA)	南非	非洲
专门委员会代表		Jeff Martin(GBR)	英国	欧洲
		Jacques Lehn(FRA)	法国	欧洲
		Malcolm Page(AUS)	澳大利亚	大洋洲
妇女代表		Adrienne Cahalan(AUS)	澳大利亚	大洋洲

（27）国际现代五项联盟。

国际现代五项联盟执行委员会共 21 人，会员国共 122 个。参与领导机构的国家有 16 个，占会员国总数比例为 13%。英国、俄罗斯、埃及、韩国、墨西哥各 2 人，并列第 1 位。中国等 11 个国家各 1 人。亚洲哈萨克斯坦 1 人。

按大洲来看，欧洲有 10 名成员，以 48% 排第 1 位。美洲和亚洲各 4 人，非洲 2 人，大洋洲 1 人。

职务	姓名	国籍	地区
主席	h. c. Klaus Schormann	德国	欧洲
第一副主席	Ivar Sisniega	墨西哥	美洲
	Juan Antonio Samaranch Jr	西班牙	欧洲
副主席	Joel Bouzou	法国	欧洲
	Kui – Sung Choi	韩国	亚洲
企业事务副主席	Viacheslav Aminov	俄罗斯	欧洲
秘书长	Shiny Fang	中国	亚洲
司库	John Helmick	美国	美洲
各专业委员会成员	Janusz Peciak	波兰	欧洲
	Prof Fabio Pigozzi	意大利	欧洲
	Timur Dossymbetov	哈萨克斯坦	亚洲
	Andrejus Zadneprovskis	立陶宛	欧洲
	Martin Dawe	英国	欧洲
	Georgina Harland	英国	欧洲

续上表

职务	姓名	国籍	地区
地区主席	Sameh Guemeih	埃及	非洲
	Jaiyeong Lee	韩国	亚洲
	Dmitry Svatkovsky	俄罗斯	欧洲
	John Pennell	澳大利亚	大洋洲
	Juan Manzo	墨西哥	美洲
	orge Salas	阿根廷	美洲
训练委员会主席	Samy Awad	埃及	非洲

（28）国际铁人三项联盟。

国际铁人三项联盟会员国 87 个。执行委员会委员共 18 名，有投票权的 16 人，包括 5 名圆桌官员、4 名董事会成员、2 名运动员代表、5 名地区代表、2 名荣誉主席。参与领导机构的国家有 13 个，占会员国总数比例为 15%。埃及、墨西哥、新西兰各 2 人，并列第 1 位。中国没有成员。亚洲菲律宾、日本各 1 人。

按大洲来看，欧洲有 5 名成员，以 31% 排第 1 位。美洲、非洲、大洋洲各 3 人，亚洲 2 人。

职务	姓名	国籍	地区
主席（圆桌成员）	Marisol Casado	西班牙	欧洲
秘书长（圆桌成员）	Loreen Barnett	加拿大	美洲
第一副主席（圆桌成员）	Sarah Springman	英国	欧洲
财务副主席（圆桌成员）	Bill Walker	澳大利亚	大洋洲
副主席（圆桌成员）	Antonio Alvarez	墨西哥	美洲

续上表

职务	姓名	国籍	地区
董事会成员	Debbie Alexander	南非	非洲
	Ria Damgren Nilsson	瑞典	欧洲
	Ahmed Nasser	埃及	非洲
	Shin Otsuka	日本	亚洲
运动员代表	Kris Gemmell	新西兰	大洋洲
	Jessica Harrison	法国	欧洲
地区代表	Ahmed Nasser	埃及	非洲
	Antonio Alarco	墨西哥	美洲
	Tom Carrasco	菲律宾	亚洲
	Renato Bertrandi	意大利	欧洲
	Terry Sheldrake	新西兰	大洋洲
荣誉主席（无投票权）	Gunnar Ericsson	瑞典	欧洲
	Les Mc Donald	加拿大	美洲

（29）国际冰球联合会。

国际冰球联合会会员国有 72 个，理事会成员共 14 名（13 名有投票权），包括 1 名主席、1 名秘书长、3 名副主席、9 名理事会成员，理事会中的秘书长无投票权。参与领导机构的国家有 13 个，占会员国总数比例为 18%。中国等 13 个国家各 1 人。

按大洲来看，欧洲有 10 名成员，以 77% 排第 1 位。美洲 2 人，亚洲 1 人。

职务	姓名	国籍	地区
主席	René Fasel	瑞士	欧洲
秘书长	Horst Lichtner	英国	欧洲
副主席	Kalervo Kummola	芬兰	欧洲
	Bob Nicholson	加拿大	美洲
	Thomas Wu	中国	亚洲
委员	Beate Grupp	英国	欧洲
	Zsuzsanna Kolbenheyer	匈牙利	欧洲
	Frank Gonzalez	西班牙	欧洲
	Christer Englund	瑞典	欧洲
	Tony Rossi	美国	美洲
	Henrik Bach Nielsen	丹麦	欧洲
	Igor Nemecek	斯洛伐克	欧洲
	Luc Tardif	法国	欧洲
	Vladislav Tretiak	俄罗斯	欧洲

（30）世界冰壶联合会。

世界冰壶联合会会员国共53个，执委会共有成员8名。参与领导机构的国家有7个，占会员国总数比例为13%。英国有2人排名第一。亚洲韩国和日本各1人。中国在执委会没有成员。

按大洲来看，欧洲有4名成员，以50%排第1位。美洲和亚洲各2人。

职务	姓名	国籍	地区
主席	Kate Caithness	英国	欧洲
副主席	Bent Ånund Ramsfjell	挪威	欧洲
财政主任	Andy Anderson	美国	美洲
秘书长	Colin Grahamslaw	英国	欧洲
委员	Young. C. Kim	韩国	亚洲
	Toyokazu Ogawa	日本	亚洲
	Leif Öhman	瑞典	欧洲
	Graham Prouse	加拿大	美洲

（31）国际滑冰联盟。

国际滑冰联盟会员国 32 个，理事会共 11 人。由 1 名主席、1 名花样滑冰副主席和 4 名成员、1 名速滑副主席和 4 名成员。参与领导机构的国家有 11 个，占会员国总数比例为 34%。11 个国家各 1 名理事成员。亚洲中国和日本各 1 名理事成员。

按大洲来看，欧洲有 7 名成员，以 64% 排第 1 位。美洲和亚洲各 2 人。

职务	姓名	国籍	地区
主席	Ottavio Cinquanta	意大利	欧洲
副主席（花滑）	David Dore	加拿大	美洲
副主席（速滑）	Jan Dijkema	荷兰	欧洲
花滑委员	Marie Lundmark	芬兰	欧洲
	Junko Hiramatsu	日本	亚洲
	Phyllis Howard	美国	美洲
	Tjasa Andrée – Prosenc	斯洛文尼亚	欧洲

续上表

职务	姓名	国籍	地区
速滑委员	György Martos	匈牙利	欧洲
	German Panov	俄罗斯	欧洲
	Lan Li	中国	亚洲
	Roland Maillard	瑞士	欧洲

（32）国际雪橇联合会。

国际雪橇联合会会员国 48 个，执委会成员共 15 名。参与领导机构的国家有 10 个，占会员国总数比例为 21%。澳大利亚有执委会中有 3 人，排在第 1 位。俄罗斯、美国、意大利各 2 人，并列第 2 位。

按大洲来看，欧洲有 8 名成员，以 53% 排第 1 位。大洋洲 4 人，美洲 2 人，亚洲只有韩国有 1 人。中国没有成员。

职务	姓名	国籍	地区
主席	Josef Fendt	德国	欧洲
秘书长	Svein Romstad	美国	美洲
财务副主席	Harald Steyrer	澳大利亚	大洋洲
执行主任	Christoph Schweiger	澳大利亚	大洋洲
副主席	Claire Del Negro	美国	美洲
	Einars Fogelis	拉脱维亚	欧洲
	Herbert Wurzer	澳大利亚	大洋洲
	Alfred Jud	意大利	欧洲
委员	Maria Jasencakova	斯洛文尼亚	欧洲
	Valeri Silakov	俄罗斯	欧洲

续上表

职务	姓名	国籍	地区
地区副主席	Jae – Ho Chung	韩国	亚洲
	Geoff Balme	新西兰	大洋洲
专门委员会主席	Josef Benz	瑞士	欧洲
	Gennady Rodionov	俄罗斯	欧洲
	Josef Ploner	意大利	欧洲

(33)国际冬季两项联盟。

国际冬季两项联盟会员国 61 个,执委会成员共 10 人(有投票权的 9 人,秘书长无投票权)。参与领导机构的国家有 9 个,占会员国总数比例为 15%。9 个国家各 1 名执委会成员。中国没有成员。

按大洲来看,欧洲有 7 名成员,以 78% 排第 1 位。美洲和亚洲各 1 人,亚洲只有韩国有 1 名。

职务	姓名	国籍	地区
主席	Anders Besseberg	挪威	欧洲
副主席	James. E. Carrabre	加拿大	美洲
	Václav Firtik	捷克	欧洲
	Nami Kim	韩国	亚洲
	Sergey Kushchenko	俄罗斯	欧洲
	Ivor Lehotan	斯洛伐克	欧洲
	Klaus Leistner	奥地利	欧洲
	Gottlieb Taschler	意大利	欧洲
	Thomas Pfüller	德国	欧洲
秘书长(无投票权)	Nicole Resch	奥地利	欧洲

（34）国际雪橇联合会。

国际雪车联合会会员国 65 个，执委会共 9 人（8 人有投票权，秘书长无投票权）。参与领导机构的国家有 7 个，占会员国总数比例为 11%。新西兰有 2 人，排第 1 位。

按大洲来看，欧洲有 4 名成员，以 50% 排第 1 位。大洋洲 2 人，美洲和亚洲各 1 人。亚洲只有韩国有 1 人。中国在执委会没有成员。

职务	姓名	国籍	地区
主席	Ivo Ferriani	意大利	欧洲
副主席	Andreas Trautvetter	德国	欧洲
	Christian Reich	瑞士	欧洲
	Kwang – bae Kang	韩国	亚洲
	Darrin Steele	美国	美洲
	David Tomatis	摩纳哥	欧洲
	Wiltfried Idema	新西兰	大洋洲
运动员委员会代表	Peter Van Wees	新西兰	大洋洲
秘书长（无投票权）	Heike Grosswang		

（35）国际滑雪联合会。

国际滑雪联合会会员国 118 个，理事会共 18 名成员，包括 1 名主席、4 名副主席、12 名委员、1 名秘书长。参与领导机构的国家有 18 个，占会员国总数比例为 15%。18 个国家各有 1 名理事会成员。

按大洲来看，欧洲有 14 名成员，以 78% 排第 1 位。美洲 2 人，亚洲和大洋洲各 1 人，亚洲只有韩国有 1 名理事会成员。

职务	姓名	国籍	地区
主席	Gian Franco Kasper	瑞士	欧洲
副主席	Janez Kocijancic	斯洛文尼亚	欧洲
	Sung – Won Lee	韩国	亚洲
	Bill Marolt	美国	美洲
	Sverre Seeberg	挪威	欧洲
委员	Mats Arjes	瑞典	欧洲
	Andrey Bokarev	俄罗斯	欧洲
	Dean Gosper	澳大利亚	大洋洲
	Alfons Hörmann	德国	欧洲
	Roman Kumpost	捷克	欧洲
	Vedran Pavlek	克罗地亚	欧洲
	Flavio Roda	意大利	欧洲
	Eduardo Roldán	西班牙	欧洲
	Peter Schröcksnadel	奥地利	欧洲
	Patrick Smith	加拿大	美洲
	Matti Sundberg	芬兰	欧洲
	Michel Vion	法国	欧洲
秘书长	Sarah Lewis	英国	欧洲

（36）国际奥委会执委会。

国际奥委会执委会现有成员共15人。

职务	姓名	国籍
主席	Thomas Bach	德国
副主席	Nawal El Moutawakel	摩洛哥
	CraigReedie	英国
	John D. Coates，Ac	澳大利亚
	Zaiqing Yu	中国
执委	Sam Ramsamy	南非
	Gunilla Lindberg	瑞典
	Ching‒Kuo Wu	中国
	René Fasel	瑞士
	Patrick Joseph Hickey	爱尔兰
	Claudia Bokel	德国
	Juan Antonio Samaranch	西班牙
	Sergey Bubka	乌克兰
	Willi Kaltschmitt Lujan	危地马拉
	Anita. L. Defrantz	美国

附录 2　国际奥委会委员个人基本情况

姓名	IOC 进入时间	进入时职务	体育职业或实践经历
Vitaly Smirnov	1971	苏联体育第一副部长	苏联大师水球队的成员
Finland	1976	朱利叶斯塔尔贝里公司总经理(1976—1986)，芬兰奥林匹克帆船队队长(1976)，芬兰壁球协会副主席(1974—1976)	世锦赛第四(1967)，瑞典冠军(1963 年和 1965 年)和欧洲冠军(1967)
Richard W. Pound	1978	加拿大国家奥委会主席(1977—1982)	1960 年奥运会 110 码自由泳金牌，加拿大自由泳冠军(1958、1960、1961、1958)蝶泳(1961)

续上表

姓名	IOC进入时间	进入时职务	体育职业或实践经历
Franco Carraro	1982	意大利航空公司副总裁(1981—1987);国际足联执委会成员(1978—1986),意大利国家奥委会主席(1978—1987),欧洲国家奥委会协会副主席(1981—1987)	滑水,欧洲冠军、意大利公开赛冠军、世界冠军赛铜牌
Iván Dibos	1982	秘鲁赛艇联合会司库(1980—1981),秘鲁国家奥委会司库(1982—)	慢跑、划船、游泳、骑自行车秘鲁划船公开赛冠军(1957—1973)美国和加拿大划船赛冠军(1957—1959)
Pál Schmitt	1983	匈牙利国家体育局官员(1981—),匈牙利体育与教育部办公室副主席(1983)	团队重剑金牌得主在第十九届奥林匹克运动会于1968年在墨西哥城和20届1972年慕尼黑奥运会击剑
HSH the Princess Nora of Licehtenstein	1984	列支敦士登国家奥委会主席(1982—1992)	跳水、游泳、骑马、滑雪

续上表

姓名	IOC进入时间	进入时职务	体育职业或实践经历
HSH the Sovereign Prince Albertii	1985	格蕾丝王妃基金会(1982—)副总裁；摩纳哥游泳协会主席(1984—)，田径协会主席(1984—)；游艇俱乐部主席(1985—)	参加多届冬奥会，柔道黑带
Anita L. DeFrantz	1986	美国业余田径基金会成员(1985—1987)	世界赛艇锦标赛银牌(1978)
Lambis V. Nikolaou	1986	希腊国家奥委会主席(1985—1992)	田径、足球
Willikal-tschmitt Lujan	1988	危地马拉国家奥委会成员和主席(1980—1992)，中美洲体育组织主席和荣誉主席(1982—1990)	危地马拉职业棒球大联盟
HRH the Princess Royal	1988	国际马术联合会主席(1987—1993)	马术；国际马术联合会主席(1987—1993)；NOC名誉主席；残疾人协会主席，英国皇家游艇协会主席
Ching-Kuo Wu	1988	亚洲跆拳道联盟执委(1984—1988)，国际篮联青年女子篮球委员会执委(1986—1990)	东海大学篮球队队长(1966—1968)

续上表

姓名	IOC进入时间	进入时职务	体育职业或实践经历
Richard L. Carrion	1990	波多黎各人民银行行政总裁（1989），波多黎各国家奥委会执委（1990—）	回力球，举重
Nat Indrapana	1990	泰国体育局副主席（1989—1996），泰国奥委会副秘书长（1984—），亚奥理事会成员（1978—），东南亚联盟体育发展与改善委员会主席（1984—）	高尔夫、游泳
Thomas Bach	1991	巴赫被选为当时新成立的国际奥委会运动员委员会成员（1981—1988），1982年，进入联邦德国奥委会。	21届奥运会击剑冠军、1976和1977世界击剑冠军、1978年欧洲杯冠军
Denis Oswald	1991	瑞士冰球联盟上诉分庭成员（1976—1991）	国家赛艇队成员（1968—1976），1968年奥运会铜牌，1974年世界赛艇锦标赛第4
Sheikh Ahmad Al－Fahad Al－Sabah	1992	科威特足协主席（1990—）；科威特奥委会主席（1991—2001），亚洲奥林匹克理事会主席（1991—）	1972慕尼黑奥运会100米和200米金牌

续上表

姓名	IOC进入时间	进入时职务	体育职业或实践经历
Valeriy Borzov	1994	乌克兰青年和体育部部长（1990—1997）；国家奥委会主席（1991—1998），欧洲田径协会理事（1991—1999）	1972年奥运会田径100、200米双金，400米接力银牌
James L. Easton	1994	国际射箭联合会主席（1989—2005）	射箭、田径、篮球、手球、网球、高尔夫、滑雪
Alex Gilady	1994	NBC体育副主席（1981—），克谢特广播公司、以色列商业电视总裁兼首席执行官（1993—1999）	篮球、足球
Gerhard Heiberg	1994	阿克尔SA董事会（1989—1996）主席，1997年挪威利勒哈默尔冬奥运会组委会主席兼CEO（1989—1994）	田径、足球、网球、游泳、滑雪
Robin E. Mitchell	1994	大洋洲国家奥林匹克委员会医务委员会委员（1985—1993）	国家曲棍球教练（1984—1990）
Mario Pescante	1994	罗马体育教育专业教授（1985—1995）；体育信用卡执委（1973—1998）；意大利国家奥委会主席（1993—1998）；欧洲奥委会秘书长（1989—2001）	意大利全国学生运动会1000米冠军

续上表

姓名	IOC 进入时间	进入时职务	体育职业或实践经历
Craig Reedie	1994	国家奥委会主席（1992—2005）	国家和国际上参加羽毛球比赛（1962—1970）
Austin L. Sealy	1994	巴巴多斯驻英国和以色列大使（1993—1994）；国际商务和金融管理顾问（1994—），国家奥委会协会理事（1994—2002），英联邦运动联合会名誉司库（1986—）	田径、篮球、足球、板球、高尔夫、网球
Shamil Tarpischev	1994	俄罗斯国家体育基金会主席（1993—1995），俄罗斯体育文化与旅游国家委员会主席（1994—1996），俄罗斯体育与体育文化协调委员会主席（1994—1996）	赢过一些网球国际赛，前国家俄罗斯网球队的成员
René Fasel	1995	国际冰联主席（1994—）；	冰球运动员（1960—1972）
Reynaldo Gonzalez Lopez	1995	古巴奥委会秘书长（1984—2000），国际棒球总会第一副主席（1988—1999）	棒球、垒球、排球、钓鱼
Patrick Joseph Hickey	1995	爱尔兰奥委会主席（1989—），国家奥委会协会执委（1994—）	柔道黑带，在国际上代表爱尔兰

续上表

姓名	IOC进入时间	进入时职务	体育职业或实践经历
Toni Khoury	1995	国际地中海运动会委员会体育发展委员会成员(1993—1997)	篮球、排球、射击(手枪快速),骑马
Jean-Claude Killy	1995	环法自行车赛主席(1993—2001)主席	三次奥运滑雪冠军(1968年);三次世界滑雪冠军,(1966—1968),专业世界冠军(1973)
Sam Ramsamy	1995	南非奥委会主席(1991—2005),南非泳联主席(1991—1997)	纳塔尔省级田径运动员;执教的游泳,足球和田径国家一级
Olegario VÁZQUEZ RAÑA	1995	国际射击运动联合会主席(1980—)	射击和网球
Syed Shahid Ali	1996	南亚摔跤联合会副主席(1989—1993),巴基斯坦摔跤联合会主席,巴基斯坦马球协会执行委	马球代表巴基斯坦打过国际赛(1972)
Ung Chang	1996	亚奥理事会主席顾问(1992—),秘书长(1985—1988)	国家篮球队的队长(1956—1967)
Ottavio Cinquanta	1996	国际滑冰联盟主席(1994—)	田径、冰球、速度滑冰

续上表

姓名	IOC 进入时间	进入时职务	体育职业或实践经历
Guy Drut	1996	青年和体育部长（1995—1997），法兰西岛地区议员（1992—1998），Coulommiers市长（1992—2008）	田径，法国 110 米栏纪录保持者，欧洲田径锦标赛 110 米栏冠军（1969）奥运会 110 米栏冠军（1976）
Kun - Hee Lee	1996	韩国业余摔跤联合会主席（1982—1997），三星集团主席（1987—），韩国产业联合会副主席（1987—），	摔跤
Gunilla Lindberg	1996	欧洲奥林匹克委员会执委（1993—），瑞典奥林匹克委员会秘书长（1989—）	无
Julio César Maglione	1996	乌拉圭奥委会主席（1987—），乌拉圭奥林匹亚研究院主席（1989—），美洲业余游泳联合会主席（1995—1999），国家奥委会协会执委（1991 年 2002）	100 米和 200 米蝶泳和蛙泳的全国冠军和纪录保持者（1949—1954）；拉美运动会 100 米蝶泳和 200 米蛙泳铜牌
Nawal EL Moutawakel	1998	非洲业余田径联合会成员（1995—）；法语运动会国际委员会委员（1997—2005）	1984 年奥运会 400 米冠军

续上表

姓名	IOC 进入时间	进入时职务	体育职业或实践经历
HRH the Grand Duke of Luxembourg	1998	国务委员会成员（1980—1998），卢森堡大公国经济发展局名誉主席（1978—2000）；世界卫生组织导师基金会董事会成员；达尔文基金会的董事会成员	游泳、帆船、滑雪、滑水、网球
Samih Moudallal	1998	叙利亚奥委会主席（1981—2000），亚奥理事会副主席（1986—2007），西亚运动会主席（1996—2006）	1965 年世界举重锦标赛第七，叙利亚举重冠军（1952—1972）；阿拉伯冠军（1961—1972）
SerMiang Ng	1998	亚奥理事会询委员会主席（2007—），国际帆船联合会副主席（1994—1998），新加坡奥林匹克学院事会主席（1994—）	参加了各种国际，洲际和地区的帆船赛事
General Mounir Sabet	1998	埃及奥委会主席（1996—2009），国际射击联合会理事、非洲射击联合会主席（1991—2003）	国家射击队成员
Melitón Sanchez Rivas	1998	巴拿马垒球联合会主席（1972—2010），国际垒联拉丁美洲副主席（1984—2000），泛美体育组织，巴拿马奥林匹克学院主席（1996—2008）	棒球、垒球

续上表

姓名	IOC 进入时间	进入时职务	体育职业或实践经历
sIrena Szewinska	1998	波兰奥委会副主席（1988—），欧洲田径协会理事（1995—2007）	1976 年奥运会 400 米金牌，1980 年奥运会 5 金
Leo Wallner	1998	奥地利体育援助基金副主席（1981—2009），奥地利裁判管理会主席（1986—2007）	网球、跑步、滑雪、徒步旅行、滑水
Joseph S. Blatter	1999	国际足联主席（1998—）	足球，田径，网球
Gian – Franco Kasper	2000	国际滑雪联合会主席（1998—），国际单项体育联合总会理事（1986—）	参加过高山和越野滑雪、高尔夫、滑水比赛
Zaiqing Yu	2000	中国国家体育总局副局长（1999—），中国奥委会副主席（1999—）	滑雪、网球、高尔夫球
John D. Coates	2001	澳大利亚国家奥委会主席（1990—），国际赛艇联合会理事（1992—），国际体育仲裁委员会副主席（1995—2010）	赛艇
Timothy Tsun Ting Fok	2001	亚洲奥林匹克理事会副主席，中国香港奥委会主席，霍英东集团董事局主席	网球、足球

续上表

姓名	IOC 进入时间	进入时职务	体育职业或实践经历
Issa Hayatou	2001	国际足联副主席（1992—），非洲足球联合会执委和主席（1988—）	从 1964 年到 1965 年、1971 年国家 400 米 800 米冠军，国家篮球队的成员
Juan Antonio Samaranch	2001	国际现代五项联盟第一副主席（1996—）	滑雪、高尔夫、跑步、网球
HRH Prince Nawaf Faisal Fahd Abdulaziz	2002	沙特奥委会主席；阿拉伯国家奥委会联盟主席；沙特足协主席；	无
HH Sheikh Tamim Bin Hamad Al – Thant	2002	卡塔尔奥委会主席（2000—），卡塔尔武装部队官员（1997—）	阿尔萨德俱乐部足球队的成员；卡塔尔网球队的成员
Patrick S. Chamunda	2002	南非国家奥委会协会主席（1997—2005），非洲国家奥委会总会执委（1997—2009）	无
Philip Craven	2003	世界反兴奋剂机构基金董事会成员（2002—），英国奥委会执委（2003—）	轮椅篮球、游泳和乒乓球，世界轮椅篮球锦标赛金牌（1973）
Beatrice Allen	2006	冈比亚贸易与投资促进执行董事（2004—2010），冈比亚奥委会第一副主席，冈比亚垒球协会主席	无

238

续上表

姓名	IOC 进入时间	进入时职务	体育职业或实践经历
Nicole Hoevertsz	2006	阿鲁巴政府外交部法律顾问（2002—），泛美体育组织执委（1998—），阿鲁巴奥委会秘书长（1998—）	花样游泳：阿鲁巴和安的列斯多个冠军，参加了一些区域和国际锦标赛（1973—1984）
HRH Prince Tunku Imran	2006	国际板球理事会执委（2001—2008），英联邦运动会联合会体育委员会主席（2003—）	全国壁球冠军（1973）和国家集训队的成员（1973—1976）
HRH Princess Haya Al Hussein	2007	国际马术联合会主席（2006—）	1992 年泛阿拉伯运动会马术铜牌，第 27 届奥运会马术世界冠军
Patrick Baumann	2007	国际篮联秘书长（2003—），	瑞士篮球（球员，教练，裁判，裁判讲师），第一和第二级教练
Andrés Botero Phillipsbourne	2007	哥伦比亚奥委会主席（1997—）	奥运会参加滑水，慕尼黑 1972（在激流回旋第 12 位），三届世界锦标赛参与滑水

续上表

姓名	IOC进入时间	进入时职务	体育职业或实践经历
Rita Subowo	2007	亚奥理事会执委（2006—），亚洲排球主席（2002—2009），印尼奥委会秘书长和主席（2005—2011）	篮球，游泳，高尔夫球
Claudia Bokel	2008	欧洲奥委会运动员委员会主席（2005—2009）；德国国家奥委会运动员委员会成员（2002—2010）	2001年击剑世锦赛金牌，2004奥运会团体银牌，2006年欧洲冠军杯金牌
Sergey Bubka	2008	乌克兰奥委会理事和主席（2005—），国际田联发展委员会副主席（2007—）	田径（撑竿跳）4届奥运会、6届世锦赛冠军，打破纪录35次，现室外纪录保持者
Ugur Erdener	2008	国际箭联会长（2005—2009）	运动员在三级跳远和著名篮球运动员
Dae Sung Moon	2008	东亚大学体育学院跆拳道教授，世界跆拳道联盟理事，韩国奥委会执委	跆拳道、1999年世锦赛金牌、2004年奥运金牌、2002年亚运会金牌
Alexander Popov	2008	国际奥委会运动员委员会委员（1996—）	1992和1996年奥运会50米和100米自由泳游泳金牌
Yumilka Ruiz Luaces	2008	古巴奥委会运动员委员会副主席，古巴排联委员	1996年和2000年奥运会金牌得主

续上表

姓名	IOC 进入时间	进入时职务	体育职业或实践经历
HRH Crown Prince Frederik of Denmark	2009	国际帆联事务委员会委员，丹麦红十字会赞助人，丹麦皇家地理学会会长	帆船、网球、跑步、骑马、潜水、高尔夫球
Habu Gumel	2009	国际排联副主席（2008—），尼日利亚排联联合会主任（1988—）	无
Lydia Nsekera	2009	东部和中部非洲足球协会理事会执委（2007—），布隆迪国家奥委会执委（2006—），国际足联奥运会足球比赛筹备委员会委员（2006—），非洲足球联合会女子足球和五人制足球委员（2006—）	前篮球运动员和高跳
Richard Peterkin	2009	国际电信联盟主席（2008—）；西班牙铁人三项联合会副主席（2008—）	板球，足球和网球
HRH Prince Feisal Al Hussein	2010	约旦中将和总统特别助理（2004—），皇家水务委员会主席（2008—）	从事过足球，排球，摔跤，赛车运动。美国州际锦标赛摔跤金牌（1978）

续上表

姓名	IOC进入时间	进入时职务	体育职业或实践经历
Marisol Casado	2010		曲棍球,长途及中距离跑步,徒步旅行,骑自行车,山地自行车,铁人三项(参加了首届铁人三项赛举办西班牙)
Barry Maisier, Onzm	2010	新西兰奥委会秘书长(2001—2011),大洋洲国家奥委会协会副主席(2009—),国家奥委会协会主席(2009—)	曲棍球 奥运金牌(1976)
Adam L. Pengilly	2010	英国奥委会委员(2005—)	2006年和2010年温哥华欧洲锦标赛雪橇铜牌(2007)和世界雪橇锦标赛银(2009)
Angela Ruggiero	2010	美国奥委会运动员顾问委员会;美国女子体育基金会顾问和委员	冰上曲棍球;1998年奥运会金牌
Yang Yang	2010	中国奥委会执委(2006—),中国冠军基金会创始人(2008—),中国青年联合会副主席(2010—)	短道速滑奥运冠军、世界冠军

续上表

姓名	IOC进入时间	进入时职务	体育职业或实践经历
Barbara Kendall	2011	运动员海洋委员会主席（2005—），世界反兴奋剂机构运动员委员会（2009—）	奥运风帆冲浪金牌（1992）
Mr.José Perurena	2011	国际皮划艇联合会主席（2008—1012）	国际帆船赛（意大利站）第一名
Gerardo Werthein	2011	阿根廷最大财产保险、人寿险公司主席，阿根廷电信主席	参加18年的马术表演，得过多项国际比赛大奖
Baron Pierre – Olivier Beckers – Vieujant	2012	德尔海兹集团总裁兼CEO（1999—），比利时国家奥委会主席（2004—），比利时雇主联合会主席（2008—）	曲棍球，游泳，骑自行车，滑雪，登山和徒步旅行
Frank Fredericks	2012	国际奥委会运动员委员会主席（2008—2012），非洲田联主席，纳米比亚田联主席	田径。100米和200米奥运银牌、1995、1997室内田径锦标赛200米冠军，100米、200米室内田径锦标赛世界纪录保持者，200米非洲纪录保持者
Aïcha Garad Alt	2012	吉布提国家奥委会主席（2005）	手球、游泳。吉布提手球国家队的队长，吉布提手球国家队的教练

续上表

姓名	IOC进入时间	进入时职务	体育职业或实践经历
Lingwei Li	2012	羽毛球世界联合会执委（2002—），国家体育总局网球管理中心副主任（2010—），中国羽毛球协会副主席（2002—）	13次世界羽毛球锦标赛冠军，48枚金牌
Tsunekazu Takeda	2012	国家奥委会协会执委（2008—），亚奥理事会副主席（2011—），日本马术联合会副主席（2001—）	参加多届奥运会和全国马术障碍赛
Danka Bartekova	2013	斯洛伐克内政部职业运动员部国家体育代表中心雇员	2006年和2009年世界射击（飞碟）金牌，2012奥运会铜牌
Dagmawit Girmay Berhane	2013	妇女与体育委员会非洲国家奥林匹克委员会协会（ANOCA）成员（2006—），羽毛球联合会非洲理事（2009—），羽毛球副主席世界联合会（2013—），国家奥委会协会（ANOC）的执行委员会成员（2009—）	无
Mikaela Cojuangco Jaworski	2013	亚奥理事会运动员委员会委员（2011—）	2002年亚运会马术个人障碍赛金牌

续上表

姓名	IOC进入时间	进入时职务	体育职业或实践经历
Kirsty Coventry	2013	津巴布韦奥林匹克委员会顾问	2004年和2008年奥运会金牌(200米仰泳)、2005年世界游泳锦标赛金牌(100米和200米仰泳)
Tony Estanguet	2013	法国国家奥委会运动员委员会主席,法国国家奥委会执委,国际皮划艇联合会执委	激流回旋奥运会金牌(2000、2004、2012)
Camiel Eurlings	2013	荷兰皇家航空公司总经理(2011—2013),荷兰皇家航空公司首席执行官(2013—)。	曲棍球、网球、跑步、骑自行车、跳水、乒乓球
Stefan Holm	2013	国际田联运动员委员会成员(2007—)	田径跳高、2004年奥运金牌
Octavian Morariu	2013	他自己公司的CEO和主席(2004—),罗马尼亚国家奥委会主席(2004—);欧洲橄榄球协会主席(2013—)	橄榄球、国家队成员、巴黎队教练(1991—1993)
Lawrence F. Probst Ⅲ	2013	美国奥委会董事会主席(2008—)	无

续上表

姓名	IOC 进入时间	进入时职务	体育职业或实践经历
Bernard Rajzman	2013	巴西体育理事会成员（2013—），巴西奥林匹克委员会和泛美运动员委员会主席（2006—2013），2016 里约奥组委副主席和执委	排球、沙滩排球；奥运会银牌获得者（1984）；在 1982 年世界锦标赛获得冠军
Paul K. Tergat	2013	肯尼亚国家奥委会保罗·特加特基金会创始人	马拉松世界纪录：2 时 3 分 55 秒（柏林，2003 年），5 次世界越野冠军（1995—1999）
James Tomkins	2013	澳大利亚国家奥委会运动员委员会成员（2008—），澳大利亚药品基金会董事会成员（2006—）	划船（M2、M4 M8+）；奥运会金牌（1992、1996、2004）；世界杯金牌（1999、2000、2002、2008）
Alexander Zhukov	2013	俄罗斯国家奥委会主席（2010—）	国际象棋
Ole Einar Bjorndalen	2014		2014 年 2 月 19 日赢得了 8 枚奥运金牌
Poul – Erik Hoyer	2014	世界羽毛球联合会主席（2013—）	亚特兰大奥运会金牌
Hayley Wickenheiser	2014		冰球队女子运动员，冬奥会 4 金 1 银